Histórias de livros perdidos

FUNDAÇÃO EDITORA DA UNESP

Presidente do Conselho Curador
Mário Sérgio Vasconcelos

Diretor-Presidente
Jézio Hernani Bomfim Gutierre

Superintendente Administrativo e Financeiro
William de Souza Agostinho

Conselho Editorial Acadêmico
Danilo Rothberg
João Luís Cardoso Tápias Ceccantini
Luiz Fernando Ayerbe
Marcelo Takeshi Yamashita
Maria Cristina Pereira Lima
Milton Terumitsu Sogabe
Newton La Scala Júnior
Pedro Angelo Pagni
Renata Junqueira de Souza
Rosa Maria Feiteiro Cavalari

Editores-Adjuntos
Anderson Nobara
Leandro Rodrigues

Giorgio van Straten

Histórias de livros perdidos

Tradução
Silvia Massimini Felix

© 2016 Gius. Laterza & Figli, todos os direitos reservados
© 2018 Editora Unesp

Título original: *Storie di libri perduti*

Direitos de publicação reservados à:
Fundação Editora da Unesp (FEU)
Praça da Sé, 108
01001-900 – São Paulo – SP
Tel.: (0xx11) 3242-7171
Fax: (0xx11) 3242-7172
www.editoraunesp.com.br
www.livrariaunesp.com.br
feu@editora.unesp.br

Dados Internacionais de Catalogação na Publicação (CIP) de acordo com ISBD
Elaborado por Vagner Rodolfo da Silva – CRB-8/9410

V217h
    van Straten, Giorgio
       Histórias de livros perdidos / Giorgio van Straten; traduzido por Silvia Massimini Felix. – São Paulo: Editora Unesp, 2018.

    Tradução de: *Storie di libri perduti*
    Inclui índice.
    ISBN: 978-85-393-0741-8

    1. Literatura. 2. Crítica literária. 3. Livros. 4. Literatura Italiana.
5. van Straten, Giorgio. I. Felix, Silvia Massimini. II. Título. III. Série.

2018-647   CDD 800
                                                                         CDU 8

Editora afiliada:

Asociación de Editoriales Universitarias
de América Latina y el Caribe

Associação Brasileira de
Editoras Universitárias

Sumário

7 . Introdução
O risco de uma impossibilidade

15 . Florença, 2010
O livro que li (e não fotocopiei)

25 . Londres, 1824
As *Memórias* escandalosas

39 . Paris, 1922
A memória é o melhor crítico

49 . Polônia, 1942
O Messias chegou a Sambor

59 . Moscou, 1852
Uma *Divina comédia* das estepes

69 . Colúmbia Britânica, 1944
Não é fácil viver numa cabana

Giorgio van Straten

81 . Catalunha, 1940
Uma pesada mala preta

93 . Londres, 1963
Pode-se dizer que tenho uma vocação

107 . Lista dos livros mencionados

113 . Índice onomástico

Introdução
O risco de uma impossibilidade

Esta é minha jornada em busca de oito livros perdidos, livros tão míticos como as minas na corrida do ouro: todos aqueles que os procuram estão certos de que existem e que vão encontrá-los, mas ninguém realmente tem provas concretas e conhece as rotas seguras. No meu caso, os sinais também são fugazes, e a esperança de encontrar essas páginas é mínima. Mesmo assim, a viagem ainda vale a pena.

Os livros perdidos são aqueles que já existiram e hoje não existem mais.

Portanto, não se trata de livros esquecidos que, como acontece com a maioria dos homens, desaparecem pouco a pouco da memória daqueles que os leram, evaporam-se dos livros de história da literatura, somem junto com a existência de seus autores. Esses livros podem ser encontrados em algum canto de biblioteca escondido e um editor curioso pode muito bem reimprimi-los. Talvez ninguém saiba nada sobre o livro, mas ele ainda existe.

E tampouco se trata daqueles que nunca nasceram; que foram pensados, esperados e sonhados, mas que as circunstâncias impediram que fossem escritos. Claro, também nesse caso estamos diante de uma falta, de um vazio que não pode mais ser preenchido. Mas estes são livros que nunca existiram.

Para mim, os livros perdidos são aqueles que o autor escreveu, mesmo que às vezes não tenha conseguido terminá-los; são livros que alguém viu, talvez até tenha lido, e então foram destruídos ou dos quais não se sabe mais nada.

Os motivos da perda são os mais diversos. Esses textos podem ter sido destruídos por causa da insatisfação do autor, de sua busca por uma perfeição muitas vezes impossível de alcançar. Certamente, pode-se argumentar que, se quem os escrevera não estava satisfeito, talvez também nós ficássemos insatisfeitos, e se essa insatisfação tomasse conta de certos escritores contemporâneos, todos nós seríamos muito beneficiados. Mas, então, começamos a ler obras que alguns corajosos subtraíram da vontade destrutiva do autor, como no famoso caso de Kafka, e percebemos como temos sorte de que essa vontade não tenha sido respeitada.

Ou foram as circunstâncias ambientais e históricas que criaram o vazio, sobretudo a Segunda Guerra Mundial, porque foi uma guerra que penetrou em qualquer lugar,

Em outras ocasiões interveio a censura, até a autocensura, porque esses livros pareciam escandalosos, perigosos, não apenas em sentido figurado, já que no século XIX e mesmo no século XX ainda havia países europeus onde o homossexualismo era um crime.

Também pode ter acontecido que um descuido ou uma leviandade tenham causado um incêndio ou um roubo (no entanto, de pouca utilidade para quem o cometeu: o que poderia fazer com todo aquele papel?), que destruíram anos de trabalho, forçando o autor a começar de novo desde o início, no caso de ter forças para isso.

E também há a vontade dos herdeiros, em particular viúvos e viúvas, querendo proteger a si mesmos e a seus parentes, a reputação do marido ou da esposa da incompletude de suas obras, ou a vida de pessoas que nesses escritos eram retratadas, reconhecíveis.

Nos oito casos que vou contar, existem exemplos de todas essas possibilidades. A conclusão é sempre a mesma: o livro em questão parece perdido para sempre, mesmo se às vezes a hipótese é que alguém, em algum lugar...

Todas as vezes que encontrei um livro perdido na minha vida, tive a mesma sensação que sentia quando, menino, lia certos romances que falavam de jardins secretos, teleféricos misteriosos, castelos abandonados: a oportunidade de uma busca, o encanto daquilo que escapa e a esperança de ser o herói capaz de resolver o mistério.

Nesses romances de criança, de fato, a solução chegava no final do livro, sugerida pelo autor, é claro, mesmo que me parecesse fruto de minha atenção e imaginação.

Desses oito livros perdidos, no entanto, não encontrei nenhum, pelo menos não no sentido tradicional do termo. Em vez disso, como se verá no primeiro capítulo, aconteceu de ter lido um romance antes que este se perdesse, mas não ter podido evitar sua destruição.

Talvez por essa falta, por essa minha falha, é que tenha decidido me aventurar a procurar outros livros perdidos, para contar suas histórias, como se fossem aventuras. Primeiro fiz isso numa série de transmissões radiofônicas, acompanhado de alguns amigos apaixonados por esses autores e seus livros. Juntos, percorremos as estradas que levaram ao seu desaparecimento, pelo menos parcialmente consolados pelas páginas que permaneceram e que podíamos continuar a ler.

Então decidi voltar a percorrer essas estradas sozinho, como às vezes acontece com os lugares onde outrora passamos bem, na esperança de experimentar novamente os mesmos sentimentos, nesse caso talvez até para verificar se alguma pista, que tínhamos injustamente negligenciado, abrira novos vislumbres sobre como as coisas realmente aconteceram. Obviamente, continuei tateando no escuro, mas, como acontece às vezes quando viajamos sozinhos, notei coisas que, caminhando acompanhado, não havia notado.

Todo livro perdido tem sua própria história, que não se parece com a dos outros, a não ser por particularidades que estabelecem relações estranhas, por exemplo entre Romano Bilenchi e Sylvia Plath (um romance inacabado e o cônjuge que decide por eles), entre Walter Benjamin e Bruno Schulz (nascidos no mesmo ano, ambos judeus, ambos desaparecidos durante a guerra, juntamente com seus últimos livros) ou entre Nikolai Gógol e Malcolm Lowry (ambos queriam escrever a *Divina comédia* à sua maneira e não foram muito bem-sucedidos). Mas, certamente, o que aparece com uma frequência perturbadora é o fogo. A maioria das páginas perdidas das quais falamos, na verdade, foi queimada, e isso nos faz refletir em sua fragilidade. Porque falamos de épocas (os dois séculos antes do nosso) em que apenas o papel permitia a preservação das palavras que os homens escreviam. E, como se sabe, o papel queima com muita facilidade.

Pode-se pensar que hoje é mais complicado perder um livro, que os inúmeros suportes nos quais podemos salvá-lo excluem os riscos de que algo seja destruído para sempre. No entanto, parece-me que justamente a imaterialidade em certos casos é tão frágil quanto o papel antigo, e que aqueles barcos de palavras, que tentamos tenazmente guiar no mar aberto para que alguém os observe e acolha em seu próprio porto, podem desaparecer num espaço infinito, como naves espaciais à deriva no universo, que se afastam de nós cada vez mais rápido.

Mas essas perdas, então, de fato são única e exclusivamente perdas?

Algum tempo atrás, encontrei um velho caderno onde eu havia escrito algumas frases que me tocaram. Havia um trecho de *Em busca do tempo perdido* de Proust que dizia:

> Mas para desencadear essa tristeza, esse sentimento de irreparabilidade, aquelas angústias que antecedem o amor, é preciso – e talvez seja, mais do que uma pessoa, o próprio objeto que a paixão procura ansiosamente atingir – o risco de uma impossibilidade.

E se a paixão que me atinge, que nos atinge, em relação a esses livros perdidos, tivesse a mesma origem da paixão amorosa descrita por Proust? Se fosse justamente o risco da impossibilidade de justificar essa mistura de ímpeto e melancolia, de curiosidade e fascínio, que surge ao pensarmos em algo que existia, mas que não podemos mais segurar entre as mãos? E se fosse o vazio que nos fascina, porque podemos preenchê-lo com a ideia de que o que está faltando era a peça decisiva, perfeita e inigualável?

E então esses livros se tornam desafios para a imaginação, para outras escrituras, para o desenvolvimento de paixões alimentadas por sua própria inatingibilidade. Não é coincidência que muitas dessas páginas perdidas acabaram provocando a escritura de novos livros.

Mas não é só isso, há algo mais.

Em um romance do final do século passado, uma escritora canadense, Anne Michaels, escreveu:

Não há ausência real se pelo menos a memória da ausência permanece. [...] Se alguém já não tem a terra, mas tem a memória da terra, então sempre pode desenhar um mapa.

Este livro é meu mapa pessoal entre as memórias de livros ausentes que – exceto um – não pude ler. E, sendo um mapa, quando me perguntei em qual ordem contar essas histórias – se usando um critério cronológico, ou alfabético, ou simplesmente analogias que levassem de um caso ao outro, e assim por diante –, no final, escolhi a geografia: uma volta ao mundo em oito volumes, em vez de oitenta dias. Parti do livro que não pude salvar, de minha casa, porque minha casa, como a de Romano Bilenchi, fica em Florença, e depois fui para Londres e de Londres voltei, como Phileas Fogg, após um caminho circular, passando pela França, Polônia, Rússia, Canadá e Espanha.

E no final da viagem, percebi que os livros perdidos têm algo que todos os outros não possuem: deixam a nós, leitores, a possibilidade de imaginá-los, de contá-los, de reinventá-los.

E se, por um lado, eles continuam a nos escapar, a se afastar quanto mais tentamos agarrá-los, por outro eles recobram vida dentro de nós e no final, como o tempo proustiano, podemos dizer que os encontramos.

Florença, 2010
O livro que li (e não fotocopiei)

Esta é a história do livro perdido da qual posso dar um testemunho direto, pois sou uma das quatro ou cinco pessoas que o leram antes que ele fosse destruído.

Ninguém, infelizmente, será capaz de fazê-lo e até mesmo os poucos que tiveram essa sorte continuam tendo apenas sua memória, que, como todas as memórias, está destinada a desaparecer pouco a pouco ao longo do tempo.

Mas a história deve ser contada desde o início.

Há mais de 25 anos, no final de 1989, morreu Romano Bilenchi, um dos grandes escritores italianos do século XX, embora hoje infelizmente não sejam muitos os que saibam disso. Eu o conhecia e o amava: o encontrara no início da década de 1980, quando estava compilando, para o Instituto Gramsci toscano, uma coleção de memórias sobre a Resistência. Bilenchi havia me dado uma história inédita para esse volume, e eu continuava a encontrá-lo. Também o fizera ler minhas imaturas narrativas, e foi ele quem me levou a publicar meu primeiro conto numa revista chamada *Linea d'ombra*.

Digo essas coisas apenas para que as pessoas entendam por que sua viúva, Maria Ferrara, me chamou alguns meses depois da morte de Bilenchi para que eu fosse ver o que ela descobrira dentro de uma gaveta, quando tinha encontrado forças para começar a reorganizar os papéis do marido.

Era o manuscrito inacabado de um romance. Intitulava-se *Il viale* [A avenida]. Mais do que inacabado, abandonado numa fase intermediária entre um primeiro e um segundo rascunho que, em parte, se sobrepunham e, em outros aspectos, contradiziam-se, porque a história havia sofrido, na passagem de um para outro, várias modificações. Maria queria que eu o lesse, queria saber o que eu achava do manuscrito.

Conheço outros dois amigos que o leram, mais ou menos na mesma época, e sei que uma fotocópia foi dada ao Centro de Manuscritos da Universidade de Pavia, ou melhor, a Maria Corti, que havia coletado vários originais e cartas dos escritores do século passado.

Essa leitura foi uma das grandes emoções da minha vida. Antes de tudo, porque encontrei novas palavras de um escritor que amava e que escreveu pouco durante a vida; palavras de um amigo e um professor de quem sentia muita falta. Mas também havia outros motivos, menos pessoais, para tornar a leitura inesquecível.

HISTÓRIAS DE LIVROS PERDIDOS

Romano Bilenchi não publicou praticamente nada de novo entre 1941, quando foi lançada uma de suas obras-primas, *La siccità* [A seca], e 1972, quando publicou um romance, *Il bottone di Stalingrado* [O botão de Stalingrado]. Trinta anos de vazio nos quais parecia que não apenas a profissão de jornalista o impedia de dedicar-se à escrita (até 1956 foi editor de um jornal, *Il Nuovo Corriere*, e depois responsável pelo suplemento cultural da *Nazione* de Florença), mas provavelmente também a contradição entre sua ideia de literatura – tão fortemente ligada à memória e às dinâmicas psicológicas das relações pessoais e, em particular, da transição da infância para a vida adulta – e aquela neorrealista defendida pelo Partido Comunista, ao qual permaneceu ligado até 1956. Naquele ano, ele devolveu o cartão do partido por causa do fechamento polêmico do jornal que dirigia, que aconteceu oficialmente por razões econômicas, mas, na verdade, pela autonomia que o jornal sempre demonstrara e que se tornara bem evidente quando, no verão daquele ano, as tropas do Pacto de Varsóvia reprimiram com violência as manifestações dos trabalhadores poloneses. Num editorial, Bilenchi tomou posição em favor dessas lutas e contra a intervenção soviética, e isso custou a vida do *Nuovo Corriere*.

Em todo caso, fosse o compromisso jornalístico ou a concepção diversa de literatura em relação às diretrizes que prevaleciam na esquerda à época, parecia certo que por trinta anos Bilenchi não tivesse escrito textos novos, embora continuasse escrevendo, porque durante esse período

{17}

havia retornado várias vezes às suas antigas obras (*Anna e Bruno, Conservatorio di Santa Teresa*), refazendo partes inteiras, quase que obsessivamente. De todo esse trabalho, no entanto, não houve nenhuma manifestação pública, a não ser por uma pequena produção de prosa aqui e ali em revistas ou folhetos para amigos.

Era como se o seu desejo de escrever narrativas puras e sua paixão política não conseguissem se casar, encontrar um momento de conjunção que o deixasse totalmente satisfeito, e Bilenchi tinha uma visão da literatura tão elevada e absoluta que não podia nem considerar escrever algo que não fosse inteiramente convincente para ele.

Para justificar esse silêncio, Bilenchi muitas vezes também se referia a esboços de suas obras perdidas nos anos de guerra e, em particular, a um romance quase terminado, cujo desaparecimento o bloqueou por muito tempo. Esse romance se chamava *L'innocenza di Teresa* [A inocência de Teresa] e em sua descrição havia muitos elementos em comum com *Il viale*, embora, obviamente, eu não soubesse disso.

Romano Bilenchi era um escritor seco, com uma linguagem maravilhosa e enxuta, que nunca gastava um adjetivo inutilmente. Mas, como contador de histórias, ao contrário, falava muito, e frequentemente as histórias que ele contava mudavam ao longo do tempo, se embelezavam, se tornavam literatura. Por isso, é difícil confiar cegamente em tudo que ele dizia e também muitas das coisas que escrevia em suas cartas cheias de imaginação; mas, quando falava desse romance perdido, talvez pensasse no manuscrito que jazia, desconhecido para nós, amigos e discípulos, no fundo da gaveta de um armário daquela mesma casa onde ele falava e nós ouvíamos.

Eis, portanto, o primeiro motivo que tornava a existência daquele romance um fato muito importante: porque foi escrito nos anos 1956-7 – a data estava relatada na última página – e se colocava, portanto, quase no centro desse silêncio de trinta anos, dava conta de um período que todos achavam estéril no terreno da redação de inéditos.

E era uma história de amor, como Romano Bilenchi nunca havia contado em nenhum texto anterior nem contaria nos seguintes; a transposição de um caso real e oculto, seu relacionamento com Maria, secretária editorial do *Nuovo Corriere*, iniciada quando a primeira esposa de Bilenchi ainda estava viva. E talvez tenha sido por isso que o romance foi guardado no fundo do uma gaveta em vez de publicado.

Havia também um terceiro motivo interessante: a narrativa de Bilenchi, como eu já disse, sempre foi uma narrativa de memória, e assim também será sucessivamente, com *Il bottone di Stalingrado* e *Amici* [Amigos] – uma narrativa na qual um longo intervalo de anos transcorria entre o momento da escrita e o da época em que a história se desenrolava. Nesse caso, no entanto, a história estava quase em contato direto, se misturava com algo que tinha acabado de acontecer ou estava acontecendo, mesmo que provavelmente na história dos dois amantes (talvez eles se chamassem Sergio e Teresa, mas não tenho certeza) confluísse parte da memória do romance perdido durante a guerra.

Era um lindo romance. E só de tê-lo entre as mãos, reconhecer naquelas folhas endurecidas e amareladas pelo tempo a caligrafia de Romano, eu sentia uma emoção muito forte. Pensei em fazer fotocópias, salvar para mim essas páginas, mas venceu a lealdade a Maria, a quem eu tinha prometido devolvê-lo sem duplicar, para que ela guardasse a única cópia existente. É o único caso da minha vida em que me lamento por ter sido honesto.

"Se Romano não o terminou, não o publicou, sua vontade deve ser respeitada, sua reserva mantida", assim me disse Maria quando a encontrei para devolver o manuscrito. E nesse ponto ela estava certa. "Mas é igualmente verdade", respondi, "que Romano não o jogou fora, não o destruiu, decidiu conservá-lo. E isso me parece igualmente significativo. Talvez ele pensasse em retomá-lo quando os motivos da vergonha desaparecessem junto com as pessoas envolvidas."

Esse manuscrito foi lido, com a mesma emoção, por outro escritor, Claudio Piersanti, e por Benedetta Centovalli, estudiosa de literatura e editora, ambos amigos de Romano e leais ao pedido de silêncio e de não fotocopiá-lo. Benedetta o leu na própria casa de Maria. Não sei se alguém mais o teve nas mãos, talvez Mario Luzi.

Nós três estávamos convencidos de que não seria possível publicá-lo como um romance terminado, mas também conscientes de que esse texto representava um peça fundamental para a leitura crítica de Bilenchi. Portanto, poderia ser incluído numa publicação das obras completas ou disponibilizado para consulta de estudiosos.

Maria, a quem demos nossa opinião, não fez objeções, mas também não nos deu razão. Ficou em silêncio e pediu um tempo. No fim, não falamos mais sobre isso. Por muitos anos, quase vinte, eu me esqueci do livro. Ou melhor: deixei a recordação daquele romance num canto da minha memória, esperando pelo momento em que se pudesse voltar a falar nele em público.

Então Maria morreu. Foi na primavera de 2010. Poucos dias depois, aconteceria um simpósio sobre Bilenchi no Gabinete Vieusseux de Florença. Perguntamo-nos o que fazer diante daquele luto e por fim decidimos não cancelar o simpósio e dedicá-lo a ela.

Em meu discurso, concentrei-me no relacionamento muito profundo entre Maria e Romano, definindo-o quase como um romance de amor vivido e não escrito, porém, acrescentei, havia um texto inédito que, apesar da liberdade da literatura, havia contado aquele amor.

No final do discurso, Benedetta Centovalli me puxou para um canto e me sussurrou que o romance não existia mais.

"Como assim?", respondi. "Maria o guardava em casa, estou certo de que em algum lugar…"

Não: antes de morrer, Maria Bilenchi decidiu queimar todas as suas cartas e até o manuscrito do romance.

"Mas e a fotocópia arquivada em Pavia?", perguntei, esperando que pelo menos aquilo tivesse sido salvo.

"Maria pediu de volta a Maria Corti faz muitos anos. Não há nem aquela."

É difícil entrar na cabeça dos outros e até mesmo criticar o que é certo ou errado fazer em determinadas situações. É claro que as cartas, como os diários, são coisas tão pessoais que um marido, uma esposa, um filho têm todo o direito de fazer o que quiserem. Mas um romance que o próprio autor preservou, mesmo que estivesse trancado numa gaveta?

Maria Bilenchi considerava, e com razão, seu marido um dos grandes escritores italianos do século passado e sempre respeitara sua vontade, mesmo quando não compartilhava da mesma opinião: por exemplo, nunca permitiu a reimpressão num volume autônomo de *Vita di Pisto* [Vida de Pisto], seu primeiro livro, do qual ela gostava mas que Bilenchi havia rejeitado. Então, como pensar que tenha feito algo para prejudicar Bilanchi e sua literatura?

Não creio que sua escolha de destruir *Il viale* tenha nascido exclusivamente do fato de que o romance falava de coisas reais, de pessoas que existiram. No fundo, apenas quem esteve envolvido pode reconhecer num texto literário as marcas da vida verdadeira e ficar magoado. E a única pessoa que poderia ter ficado chateada, a primeira mulher de Bilenchi, já estava morta havia décadas.

Se o autor não tinha queimado o manuscrito, se não pedira a ninguém para destruí-lo, por que fazer com que ele desaparecesse para sempre, impedir que no futuro alguém o lesse?

Repito: é muito difícil penetrar na cabeça das pessoas.

Maria esteve ao lado de Romano Bilenchi, com carinho e admiração, por muitos anos, todos os longos anos da doença que depois o mataria, e após sua morte ela nunca assumiu o papel insuportável da viúva que toma para si a função de definir a verdade sobre o marido, o que pode ser dito ou não sobre ele. Ela sempre permaneceu silenciosa e em reclusão, nunca indiferente.

No entanto, no final, ela fez uma ação que prejudicava a possibilidade de ler um romance, embora inacabado, que Romano havia decidido deixar.

Por que essa escolha?

Voltei a falar com Benedetta Centovalli, não para lhe atribuir a responsabilidade, mas apenas para procurar entender o motivo desse gesto, sabendo que, como num suicídio, as explicações encontradas são quase sempre banais, parciais, insuficientes. O que Maria temia ao deixar esse manuscrito vivo? Qual ofensa a Bilenchi poderia derivar disso?

Benedetta me contou sobre o telefonema em que Maria disse que havia destruído o manuscrito e as cartas, alguns meses antes de sua morte. Não acredito, Benedetta tinha dito a ela. Mas Maria reiterou: eu o destruí. E Benedetta hoje está convencida de que realmente foi assim.

Claro, nessa escolha que veio depois de longos anos de reflexão, ela vê um gesto extremo de amor, causado provavelmente pela incompletude do texto, tão relevante para um escritor como Bilenchi, sempre em busca da precisão do idioma, da palavra certa, do escrever bem. Um livro inacabado, para ele, provavelmente era um não livro. Digo-lhe que entendo Maria, embora ainda ache que ela não tinha o direito de destruí-lo.

Poderíamos continuar a discutir esse assunto longamente, mas a respeito de um ponto estamos certamente de acordo: em todos nós bilenchianos resta o amargor por um romance que não existe mais e cuja lembrança vai se apagando irremediavelmente de nossa memória.

Londres, 1824
As Memórias escandalosas

A história que vou contar é um caso de censura. Não uma censura operada por uma estrutura estatal para atacar o adversário de um regime, nem por uma autoridade religiosa para salvaguardar a moral de uma comunidade. É uma intervenção preventiva feita pelos amigos da vítima para evitar, pelo menos aparentemente, o surgimento de um escândalo e a ruína de uma reputação. Ainda assim, trata-se de censura, mesmo daquela mais sutil e insidiosa, que se dobra às convenções e ao senso comum.

Estamos em Londres, em maio de 1824, e George Byron morreu faz um mês em Missolungi, na Grécia, para onde tinha ido, esperando acrescentar à sua fama enorme de poeta também a de herói para a liberdade dos povos.

Estamos na Albemarle Street, no escritório de seu editor, John Murray I (devemos acrescentar o I, porque ao progenitor, numa sequência muito inglesa, irão se seguir outros

John Murray até o sétimo que, depois de finalmente dar aos próprios filhos nomes diferentes, venderá, no ano 2000, a editora e o arquivo). Além dele estão presentes John Cam Hobhouse, amigo de Byron desde a época de seus estudos em Cambridge, e sua executora testamentária, a meia-irmã Augusta Leigh, parente mais próxima e no passado também sua amante, o amigo e poeta Thomas Moore e alguns outros (parece que também estava presente um advogado que representava os interesses da esposa separada e mãe de sua única filha reconhecida).

Cam Hobhouse e Augusta estão convencidos de que é necessário queimar o manuscrito das *Memórias* que Byron escreveu alguns anos antes e vendeu para a editora em troca de um adiantamento de 2 mil libras esterlinas. O texto havia chegado a John Murray através de Thomas Moore, e isso, como veremos mais adiante, não foi uma casualidade.

O editor está um pouco incerto, então cede: está disposto a destruir o manuscrito se lhe for restituído o dinheiro que já tinha dado. Augusta Leigh mostra as libras necessárias para silenciá-lo. Somente Thomas Moore resiste, convencido de que, se não era apropriado publicar imediatamente as *Memórias*, seria errado destruí-las e não conservar essas páginas escritas no maravilhoso inglês de Byron e que dizem muito sobre ele, sua vida e paixões. Dias antes, as discussões entre Moore e Cam Hobhouse quase resultaram numa briga.

Não restam dúvidas de que Thomas Moore esteja certo. Entre outras coisas, retrospectivamente, enquanto muito de sua poesia, especialmente os poemas, resulta completamente indigesta aos ouvidos modernos, sua prosa – direta, espontânea, com um ritmo extraordinário – continua a ser perfeitamente agradável mesmo para o leitor de hoje. Portanto, salvar as *Memórias* (este é o título original) teria sido um prazer para a posteridade.

Com exceção do pobre Moore, no entanto, todos concordam que essas páginas escandalosas e perigosas devem desaparecer para sempre.

Não acredito que Lord George Gordon Noel Byron precise de apresentações; em todo caso, pode ser definido como aquele que encarna o ideal do homem romântico: precoce, sombrio (quando Thomas Love Peacock fez uma representação satírica dele, chamou-o Mr. Cypress, porque o que seria por excelência mais tenebroso do que a árvore do cemitério?), cheio de talento e de energia vital, grande amante e esbanjador, sentimental e heroico, determinado a deixar uma marca não apenas na cultura, mas também na história da humanidade. Um homem cujo fascínio dominou a todos durante anos, mulheres e homens indiferentemente, mesmo que no momento de sua morte, quando tinha apenas 36 anos, estivesse gordo, quase careca, com os dentes estragados, e tivesse muito pouco a ver com o esplêndido garoto dos retratos que chegaram até nós.

O que essas *Memórias* continham de tão escandaloso, de modo que não fosse suficiente escondê-las, mas sim destruí-las, apagá-las, como se não houvessem nunca sido escritas?

Talvez o relato do casamento curto e infeliz com Anne Isabella Milbanke, que lhe deu uma filha, naufragado depois de apenas onze meses entre polêmicas e recriminações. Talvez o tema do amor incestuoso pela meia-irmã Augusta, que, segundo boatos em Londres (aparentemente feitos pelo próprio Byron), foi o verdadeiro motivo do fim desse casamento.

Todas elas ótimas razões, especialmente a primeira, porque não é difícil imaginar com que malícia magistral Byron poderia ter atacado uma esposa tão pouco amada que tentou de todas as maneiras se vingar por esse abandono.

Mas, na realidade, parece que não era essa a verdadeira razão do escândalo. Porque a vergonha imperdoável que nessas páginas devia aparecer mais ou menos de modo explícito era o homossexualismo, o vício horrível, o delito inconfessável, mas também amplamente praticado na Inglaterra na época.

É difícil imaginar, hoje, apesar de a homofobia muitas vezes continuar a se manifestar nos contextos mais diversos, como era considerada na Grã-Bretanha do século XIX a relação entre duas pessoas do mesmo sexo, adultas e consensuais. Quem fosse reconhecido culpado era condenado a uma espécie de pelourinho e, em seguida, pendurado, quando o castigo – que não apenas significava estar exposto ao "ridículo público", mas também ser atingido por qualquer objeto que os réus quisessem lançar contra o rosto do condenado – ainda não tivesse tido um efeito definitivo. E mesmo que a condenação à morte por esse crime tenha sido abolida em 1861, as penalidades, também muito severas, permaneceram por muito tempo; como demonstra, já nos limiares do século XX, o trágico caso de Oscar Wilde.

O escândalo causado pela descoberta de relacionamentos homossexuais levava a suicídio, fugas para o exterior, no melhor dos casos ao afastamento total e definitivo da vida pública e das relações sociais, com os culpados confinados ao campo para consolar-se com alguns casinhos camponeses. E o escândalo crescia na mesma medida em que a figura do réprobo era conhecida.

George Byron era então um dos mais conhecidos, amados e bem-pagos poetas da Inglaterra. Especialmente depois da publicação de *Childe Harold's pilgrimage* [A peregrinação do jovem Harold], que sancionou seu sucesso implacável e seu triunfo mundano. Mas em paralelo ao crescimento de sua fama como poeta, difundiu-se cada vez mais o rumor de seus supostos relacionamentos homossexuais. Precisamente por esse motivo, sob o conselho da meia-irmã Augusta, Byron recorreu a um casamento de fachada, que, no entanto, não só não serviu para silenciar aquilo que se dizia ao seu redor, mas, pelo contrário, com seu fracasso precoce, acabou alimentando esses mesmos boatos, ao que parece pela boca da esposa negligenciada e de uma amante insatisfeita.

E até mesmo Byron acabou sendo forçado a recorrer a algo que se assemelhava muito a uma fuga: quando deixou a Inglaterra em 1816, já sabia que, com toda probabilidade, nunca mais voltaria.

Depois de uma longa peregrinação pela Europa Continental, Byron parou em Veneza, onde havia encontrado tolerância e abertura – uma situação possível sempre que ele não se deparava com uma comunidade significativa inglesa (razão que o levou a passar em Roma e Florença apenas períodos curtos). Lá conheceu um fase de intensa produtividade poética e começou a trabalhar também em suas *Memórias*, que de fato foram escritas durante sua permanência de 1817-8 e subsequentemente ampliadas, entre 1820 e 1821: todo esse trabalho, num homem de pena muito fácil, sugere que se tratasse de um trabalho bastante substancial.

Em todos as obras de Byron há sinais rastreáveis de sua experiência pessoal: viagens, pensamentos, conhecimentos e encontros; mas, no caso das *Memórias*, tratava-se de suas lembranças particulares diretamente derramadas na página, de seus sentimentos revelados como nunca havia feito anteriormente. Porque aquilo que Byron *provavelmente* acabou revelando era sua própria homossexualidade.

Digo *provavelmente* porque estou falando, como sempre neste livro, de algo que desapareceu; no entanto, os testemunhos, por mais reticentes que sejam, nesse ponto concordam.

Podemos, de qualquer forma, nos perguntar de que modo Byron escolheu contar essa parte de si mesmo e de sua vida. De fato, ele certamente estava ciente de que na Inglaterra contemporânea seria difícil apresentar tal tema num volume a ser publicado. Talvez pensasse, se não numa edição *post-mortem*, sem dúvida em algo deixado para o futuro. Mas uma publicação deve ter sido levada em consideração, caso contrário, por que teria enviado o manuscrito ao editor e recebido o adiantamento de 2 mil libras?

Porque é verdade que Byron sempre estava em busca de dinheiro, mesmo ganhando muito, e portanto estava disposto a vender qualquer um de seus escritos em troca deste, mas duvido que John Murray, que não me parece um filantropo, estava disposto a pagar um rico adiantamento para um trabalho que não considerasse publicável.

Como conciliar a ideia de um Byron homossexual com a que nos foi transmitida, de um homem cheio de charme, imbatível *tombeur de femmes*?

Deve-se dizer que o poeta inglês era um amante infatigável: fossem mulheres, porque suas amantes eram muitas, ou homens, melhor se muito jovens, como seus antigos companheiros de Cambridge. Desde a época de seus estudos e suas viagens ao exterior, a primeira justamente com Cam Hobhouse, promiscuidade e abundância caracterizaram sua relação com o sexo. Portanto, seus gostos predominantes podiam ser ocultados por suas aventuras femininas caleidoscópicas.

Até mesmo Cam Hobhouse havia sido um dos amantes de Byron durante o início da juventude, bem como um outro garoto que sempre continuaria sendo seu favorito, mesmo tendo morrido jovem, sem a chance de encontrar o poeta novamente: John Edlestone.

Pode-se então entender que, quando a notícia da morte de Byron chegou a Londres, em meados de maio em 1824, Cam Hobhouse tenha se preocupado bastante com as *Memórias* que estavam nas mãos da editora. Não apenas pela reputação do amigo, mas também pela sua. Acima de tudo pela sua, eu diria, dado que pouco depois do falecimento do poeta ele entrou na política.

Afinal, tinha sido Cam Hobhouse quem convencera Byron, no caminho de volta da primeira viagem no exterior, a destruir parte de seus diários pelo risco de que alguém na fronteira inglesa pusesse os olhos nele. Precisamente naqueles dias, de fato, durante uma inspeção em Hyde Park, havia sido preso o mencionado John Edlestone, que aparecia muito nas notas do diário de Byron. O poeta estava muito arrependido daquela escolha destrutiva, e isso é demonstrado pelo fato de não ter confiado a Cam Hobhouse, mas a Moore, a tarefa de entregar as *Memórias* ao editor Murray: dados os precedentes, não podia mais confiar no amigo.

As *Memórias*, no entanto, já haviam sido parcialmente "purificadas", por assim dizer, pelo próprio Byron, consciente da delicadeza do conteúdo, como conta em seus *Detached Thoughts* [Pensamentos isolados]. Mas talvez essa intervenção do autor não tenha parecido suficiente, e provavelmente não o era do ponto de vista de Cam Hobhouse.

Autocensuras, apagamentos, censuras preventivas: o fantasma do pelourinho e da forca pairava continuamente acima da cabeça deles.

Realmente, na Inglaterra o clima sobre o tema da homossexualidade era tal que, em meados do século XX, John Murray (dessa vez não sei qual dos sete) permitiu que Leslie Marchand, estudiosa de Byron, tivesse acesso ao arquivo da editora, desde que esse aspecto da vida do poeta não fosse mencionado. Somente em sua biografia dos anos 1970 é que Marchand poderá fazer alguma referência, bastante nebulosa, para dizer a verdade, às preferências sexuais de Byron, mas apenas porque finalmente em 1967 (e só então!) o crime de homossexualidade havia sido despenalizado no Reino Unido.

Já dissemos que o próprio Byron sempre teve o cuidado de encobrir com um tipo de amor legal, ou pelo menos heterossexual, o outro, aquele que não deveria ser descoberto. Também em *Manfred*, a obra que talvez de modo mais direto demonstre a impossibilidade de viver pacificamente suas paixões, Byron recorre, para colocar em cena essa impossibilidade, à metáfora do amor incestuoso (o mesmo que ele praticou com sua meia-irmã Augusta e que usaria para encobrir os verdadeiros motivos de sua separação).

Franco Buffoni, poeta e escritor, ao contar a história da vida do autor de *Don Juan*, escreveu um romance, *Il servo di Byron* [O criado de Byron], lançado alguns anos atrás, no qual imagina que um criado relata a vida de seu mestre, preenchendo as lacunas que as *Memórias* deixaram. Embora, como o protagonista diz em algum momento:

> [...] Eu li todas as *Memoirs* do meu mestre, palavra por palavra: só me arrependo de não tê-las copiado secretamente, salvando-as do massacre. Só ficam minhas lembranças. Sou capaz de narrar os fatos, decerto, mas infelizmente não posso restituir o estilo do meu Lord. E na literatura, como se sabe, o estilo é tudo.

Buffoni me explica, entre outras coisas, a diferença entre os vários tipos de relações que Byron entrelaçava. Ele me diz que hoje temos o léxico para fazê-lo, distinguindo entre orientação sexual e comportamento sexual. Seu comportamento era bissexual e muito promíscuo, cheio de aventuras don-juanescas (não por acaso, escreveu *Don Juan*, um poema muito longo e inacabado dedicado a esse personagem mítico do amador implacável): nobres mulheres e plebeus, de Fornarina em Veneza a uma condessa como Teresa Guiccioli Gamba (enquanto ele estava secretamente apaixonado por seu irmão), meninos e prostitutas. E seu comportamento era o mesmo onde quer que fosse: no Império Otomano (que depois combaterá na Grécia) ou na Albânia, na Itália ou em Malta, sempre havia uma oportunidade de acumulação compulsiva de todo tipo de aventuras. Mas sua orientação, seus verdadeiros amores sempre foram dedicados a homens muito jovens, de Edlestone ao último menino que conheceu durante a aventura helênica:

Lukas Chalandritsanos, que diante do poeta moribundo fugirá com o dinheiro necessário para pagar os soldados contratados para a campanha da Grécia.

Hoje que podemos ler, pelo menos em parte, seu epistolário, parece evidente que quem libertava seus sentimentos mais profundos era sempre uma figura masculina. Mas é igualmente verdade que, pelo menos enquanto permanecia na Inglaterra, sua história – como eu disse – era feita não só de censura, mas também de autocensura, como demonstram as intervenções nos diários e a prudência que Byron usava ao escrever suas cartas, num jogo verbal feito de referências ao latim e ao grego para confundir as ideias de qualquer leitor que não fosse o destinatário.

Por isso, enquanto se sentia seguro na Itália, e sua capacidade amatória estava no auge, Byron podia se permitir escrever suas *Memórias* em liberdade absoluta: quase como se estivesse prestes a fechar um período de sua vida, talvez o mais feliz, porém certamente não se pode dizer que tivesse

A mind at peace with all below
A heart whose love is innocent

[uma mente em paz com o mundo
Um coração cujo amor é inocente],

como a mulher sonhadora em seu esplêndido poema "She Walks in Beauty" [Ela caminha em beleza].

Os arrebatamentos do coração que experimentará mais tarde, depois do período veneziano, não serão mais os mesmos, a degradação física anulará sua indiscutível capacidade de sedução e sua força vital será direcionada para o empreendimento infeliz e fracassado da luta pela liberdade do povo grego.

E agora voltemos ao escritório de sua editora, naquele maio de 1824, um mês chuvoso e frio.

Thomas Moore ainda resiste, tenta impedir que as páginas maravilhosas de seu grande amigo e colega sejam lançadas ao fogo: parece-lhe que assim o farão morrer pela segunda vez. Mas agora só ele o defende.

Eu gostaria de estar ao seu lado. Convidar os presentes a pensar numa hipótese diferente: segredar também aquele texto, selá-lo em algum lugar com a condição de que não possa ser aberto por um século, mesmo por dois; mas não destruí-lo. O direito de proteger as pessoas, que é sacrossanto, não pode prejudicar a literatura: são exigências compatíveis. Byron havia escrito aquelas *Memórias* para publicação, e não penso, como se afirmou, que tenha sido apenas para ultrajar sua ex-esposa. Ele queria que as publicassem: respeitem sua vontade!

Mas eu não estou lá e os outros só precisam convencer Moore.

Para fazê-lo, eles se comprometem a confiar-lhe a primeira biografia autorizada de Byron. Também poderá parafrasear parte das *Memórias*, até mesmo mencionar passagens (mas, quando fizer isso, alguns termos muito *osé* serão substituídos por asteriscos), desde que exclua qualquer mínima referência a suas relações homossexuais. No final, Moore cede, deixa-se comprar, mesmo que não com dinheiro, como fez Murray. E a biografia será lançada em 1830.

O pacote de folhas termina na lareira de seu editor. É difícil imaginar quem teve coragem de jogá-lo ali. Não John Murray, que devolveu o manuscrito; é improvável que tenha sido o trêmulo Cam Hobhouse; deve-se excluir que a tarefa fosse dada a uma mulher. Claro que não aceitará fazê-lo Thomas Moore, que talvez tenha deixado a sala para não ver. É possível que no final tenha sido um subalterno, um apagado e indiferente empregado da editora, ou o representante legal da viúva, que seguramente terá se regozijado em segredo.

O que infelizmente é certo é que, em maio de 1824, as *Memórias* de Byron foram definitivamente perdidas.

Paris, 1922
A memória é o melhor crítico

Devemos confiar quando um escritor afirma que algo dele desapareceu, que um romance ou alguns contos, terminados ou quase, foram perdidos de formas muitas vezes rocambolescas e foi necessário redigi-los novamente?

Há tantas histórias desse tipo, tão parecidas entre si, que dá vontade de duvidar delas. Como um são Tomé da literatura, para acreditar, preciso de algumas evidências tangíveis ou, pelo menos, de testemunhos que remontem à época dos acontecimentos.

E o que dizer quando a responsabilidade pela perda é atribuída à esposa, mesmo à primeira esposa, à qual outras três se seguiram, e que, portanto, não vale mais a pena defender, e que, aliás, é perfeita na função de bode expiatório?

E se o escritor, além disso, for conhecido, não digo como um fanfarrão, mas certamente como alguém que sempre se divertiu em oferecer de si uma imagem um pouco acima das regras, perdido entre guerras, amores e viagens, não será o caso de tomar sua história com um mínimo de precaução?

Mas, enfim, depois de tantas perguntas, talvez seja melhor contar esta história e ver o que extraímos dela.

Estamos em Paris, no final de 1922, e agora lidamos com uma mala. Não será a única vez que acontecerá no decorrer dos eventos que estou contando. Essa mala está onde todas as malas devem estar quando você está a ponto de partir, ou seja, no bagageiro de um trem na estação de Lyon, mas a mulher que a trouxe é tomada por uma sede repentina e irresistível, tanto que abandona a bagagem no compartimento e sai para comprar uma pequena garrafa de água Evian. Quando a mulher volta ao trem, a mala desapareceu.

Essa mala continha todas as primeiras experiências narrativas de um dos grandes escritores do século passado, Ernest Hemingway, talvez até um romance inteiro, e a mulher que foi roubada por um excesso de sede era sua primeira esposa, Hadley Richardson.

O próprio Hemingway nos conta a história, quando escreve que "O meu velho" – o conto que Edward O'Brian teria publicado na antologia *Best american short stories*, contrariando, entre outras coisas, todas as regras, porque se tratava de uma história inédita – era um dos dois textos que lhe restaram depois de tudo o que ele havia escrito ter sido roubado com a mala de Hadley na estação, quando ela estava levando os manuscritos para Lausanne a fim de surpreendê-lo e permitir-lhe que trabalhasse durante suas férias no campo. Nessa mala, diz Hemingway, a esposa pôs os manuscritos, os textos datilografados e também as cópias em carbono. "O meu velho" foi salvo porque Hemingway o enviara a um editor, que o recusou e enviou de volta com uma carta, e assim ele permaneceu no envelope ainda fechado que Hadley tinha deixado em Paris. O outro conto era "Lá no Michigan", que Hemingway havia lido para Gertrude Stein e recebera um julgamento muito negativo (é *inacessível*, ela havia dito, como se fosse uma pintura: você não pode pendurá-lo em lugar nenhum) e, portanto, o escritor tinha deixado no fundo de uma gaveta.

Quando viera da Suíça para a Itália, Hemingway havia submetido "O meu velho" a O'Brian, que morava naquela época em Rapallo. Mas quem conta esta cena é o próprio Hemingway:

> Era um momento ruim e eu pensava que nunca mais conseguiria escrever. E mostrei-lhe a história por pura curiosidade, assim como você poderia mostrar estupidamente a bitácula de um navio que se perdeu de maneira incrível ou pegar uma bota com seu próprio pé dentro dela se ele tivesse sido amputado após um acidente e fizesse uma brincadeira a respeito. Então, quando ele leu a história, vi que estava muito mais chateado do que eu. Nunca vi ninguém tão triste por algo que não fosse a morte ou um sofrimento insuportável, com exceção de Hadley quando teve que me dizer que as coisas desapareceram. Ela chorava, chorava e não conseguia dizer nada. Eu disse a ela que, por mais terrível que fosse o que tivesse acontecido, nada poderia ser tão

sério e, fosse o que fosse, ficaria tudo bem e não havia nada com que se preocupar. Nós o resolveríamos. Então ela finalmente me disse. Eu tinha certeza de que ela não poderia ter levado também as cópias em carbono e encontrei uma pessoa que me substituiu no trabalho do jornal. Na época eu ganhava bem como jornalista e peguei o trem para Paris. Era mesmo verdade e lembro o que fiz naquela noite, depois de entrar em casa e descobrir que era verdade. Àquela altura, a coisa toda já tinha acontecido e Chink me ensinou a nunca contestar o irreparável, e então eu disse a O'Brian que não levasse aquilo tão a sério. Provavelmente tenha sido bom para mim perder esses trabalhos iniciais, e eu lhe disse o que geralmente dizemos para aumentar a moral. Eu teria começado de novo a escrever histórias, eu disse, e enquanto falava, tentando mentir só para que ele não se sentisse tão mal, eu sabia que era verdade.

Assim Hemingway conta essa história muitos anos depois, num romance publicado após sua morte e escrito no final da vida, que se chama *Paris é uma festa*. E, do modo como ele a conta, parece que tanto Hadley como este Sr. O'Brian sentiram muito por essa perda, muito mais do que ele mesmo. Mas essa referência à convicção de não conseguir mais escrever diz muito sobre o fato de que, para Hemingway, também havia sido um evento chocante.

Hadley Richardson, uma jovem mulher de Saint Louis, tinha 28 anos quando conheceu Hemingway, que contava pouco mais de vinte anos. Ela não era bonita: o rosto quadrado, os cabelo avermelhados. Todavia, enquanto a evoca nas páginas escritas no final de sua vida, para o escritor, Hadley representa tudo o que ele perdeu ao longo dos anos e que nenhuma de suas esposas subsequentes nunca permitiu que recuperasse: algo que valia mais do que todas as páginas roubadas. Não era apenas uma mala cheia de manuscritos roubada numa estação a história que ele havia decidido contar. Era o aprendizado de um escritor: páginas e páginas desaparecidas no espaço de algumas horas e nenhuma esperança de encontrá-las novamente. Mesmo com toda a vida à sua frente, é uma coisa muito difícil de lidar, porque quando ainda não se tem certeza de sua própria vocação, qualquer incidente pode fazê-lo desistir.

É sempre útil duvidar das memórias dos escritores distanciadas no tempo, mas é verdade que *Paris é uma festa* nasce de uma série de notas que Hemingway havia abandonado junto com outras coisas dentro de dois baús no final dos anos 1930, no Hotel Ritz em Paris, e das quais voltou a tomar posse, em novembro de 1956, porque o diretor desse hotel avisou que estavam lá (é preciso dizer que Hemingway também costumava perder ou esquecer muitas coisas...). Então, nessa história podemos acreditar.

Naquela época, Hemingway estava em Lausanne, enviado pelo *Toronto Star* como correspondente da Europa. Os textos que Hadley queria levar-lhe eram uma tentativa de entender se escrever ficção, além de ser jornalista, poderia se tornar seu futuro.

Claro, de todas as histórias das quais falo neste livro, a de Hemingway é a que sinto que conto com mais leveza:

porque as páginas perdidas não representam a destruição irreparável de algo que você não pode mais escrever, mas simplesmente um começo que não foi bem-sucedido. E a um início malsucedido sempre pode seguir outro, que talvez se torne bom.

No entanto, mesmo para Hemingway, aquele momento representou uma tragédia que sancionou o fim de sua juventude, a incerteza sobre o que viria a seguir. A esperança de que Hadley tivesse selecionado o material e que em casa, em Paris, ainda houvesse cópias em carbono mostra como a situação foi devastadora. Mas Hadley, com pressa de partir, pegou todos os seus papéis, sem fazer qualquer escolha. Seu marido distinguiria o que era necessário e o que não era, quando ela o encontrasse.

Parece que Hemingway também publicou um anúncio para oferecer uma recompensa a quem encontrasse sua maleta. Era óbvio que, para um ladrão, todos aqueles papéis eram inúteis, sem valor, enquanto para ele representavam o trabalho de mais de três anos. Mas foi em vão. Os ladrões, obviamente, não leem anúncios em jornais. A mala nunca reapareceu.

Essas primeiras tentativas de escrita com certeza tinham defeitos, um excesso de lirismo, podemos supor, de acordo com o que dizia Hemingway, como veremos mais à frente, e talvez também Gertrude Stein, tendo em vista a sua reação ao ler "Lá no Michigan". E, se considerarmos que qualquer folha e pedacinho de papel, depois de sua morte, tenha se tornado objeto de publicação, é de se pensar que talvez, em alguns casos, pode ser melhor que as coisas se percam. Mas permanece o fato de que, para Hemingway, naquele momento, quando precisamente nem ele sabia se seria novamente capaz de escrever, o roubo da mala realmente se tornou algo desestabilizador.

Também é possível atestar que a perda foi real e que para Hemingway representava um trauma, graças a uma carta que escreveu pouco depois, em janeiro de 1923, a Ezra Pound:

> Imagino que você já tenha ouvido falar da perda da minha juvenília? [...] Claro que você diria "Bom" etc., mas não diga isso para mim. Ainda não atingi esse tipo de humor. Foram três anos de trabalho.

E, de fato, na resposta de Pound, ignorando o pedido do amigo para não dar ao que acontecera um significado positivo, ele definia o acontecimento como um "ato divino" e convidava Hemingway a recuperar os materiais que o mereciam de sua memória, que é "o melhor crítico".

Mas a memória é o melhor crítico? Realmente é possível reencontrar lá, na íntegra, algo que foi escrito e não temos mais nas mãos? Porque uma coisa é reencontrar um sentimento, uma ideia, uma frase, outra coisa são as páginas e páginas que foram escritas, talvez até mesmo com dificuldade. Corrigindo, relendo, no final chegando a atingir o alvo. Quem é capaz de se lembrar de tudo isso?

E depois, se – ao menos é o que diz o Hemingway de *Paris é uma festa* – entre aquelas páginas que ele não tinha mais estava o "romance que escrevi antes", como seria possível apelar apenas à memória?

Mas aquele romance ainda não estava bem-feito, aqui está o ponto, estava imbuído do "fácil lirismo da adolescência" e, portanto, "foi bom que tivesse sido perdido". Pelo menos assim Hemingway lembrará algumas décadas mais tarde, acabando por dar razão ao conselho de Pound. Era outro o romance que ele tinha de escrever, mesmo que demorasse algum tempo: *O sol também se levanta*, lançado em 1926.

Se você é um homem forte e robusto, cheio de vida, mesmo que muitas vezes esfomeado pela falta de dinheiro, como Hemingway naqueles anos, tudo pode ser feito, tudo pode ser reencontrado e, se não o reencontra, pode inventá-lo novamente.

E é provável que o trauma tenha sido maior para Hadley, que não podia saber, não podia ter certeza de que seu marido começaria a escrever novamente, mesmo que ela, naqueles anos, acreditasse piamente em seu talento e o mantivesse em seu curso de aprendizagem. Não era Hadley quem tinha essa força dentro de si, para sentir que tudo poderia começar de novo e ser melhor.

Talvez Hemingway também tenha pensado sobre isso quando pegou os velhos papéis que o diretor do Ritz de Paris lhe enviara, e, ao lê-los, provavelmente encontrou o gosto desses anos, daquela juventude que tinha ido embora para sempre, e daquela esposa, apesar de já ter sido deixa-

Histórias de livros perdidos

da há décadas, que agora lhe parecia o elo fraco, a culpada, mas ainda mais, a vítima, desses acontecimentos.

De fato, *Paris é uma festa* teve outro título possível, me conta Lorenzo Pavolini, um amigo escritor com quem falei sobre esse caso, obtendo dele preciosas informações. Porque Hemingway sempre pensava em muitos títulos antes de escolher o definitivo. Nesse caso, numa de suas listas, também aparece: *Como era diferente quando você estava lá.* Sim, como tudo era diferente. No entanto, foi assim, parece nos dizer, naquele mundo distante e esquecido, que ele se tornou um escritor.

Para nós, teria sido bom poder espiar, divididos entre a literatura e as fofocas, esses papéis, traçar as origens de um narrador, talvez em meio a erros e horrores. Como circular num laboratório antes que alguém tivesse encontrado a fórmula certa, mas já sabendo que logo ela seria descoberta. Porque talvez seja verdade que muitas vezes um escritor se torna famoso da noite para o dia, mas é igualmente verdade que quase sempre se torna *esse* escritor após um processo muito lento e extenuante.

Em abril de 1961, três semanas antes de uma malograda tentativa de suicídio e não muito longe daquela em que obterá sucesso, Hemingway observou:

Na escrita também existem muitos segredos. Nada nunca se perde, independentemente do que possa parecer no momento, e o que é deixado de fora sempre será visto e fortalecerá o que permaneceu no interior.

Diz-se que na escrita você nunca tem nada até que o tenha divulgado, ou, se você é apressado, encontre algo que talvez não devesse ter jogado fora. Muito tempo depois dessas histórias de Paris, eu só as teria realmente quando as tivesse expressado num conto, e então talvez eu tivesse que jogá-lo fora, ou ser roubado novamente.

O adjetivo "roubado" será casual? Ou talvez, escrevendo, Hemingway tenha pensado novamente naquele bagageiro, na sede de Hadley, no ladrão que escapa com um mala que acabará descartando assim que vir seu conteúdo inútil. Na viagem às pressas a Paris apenas para descobrir que não havia nem cópias em carbono.

Talvez ele tenha pensado novamente em sua primeira esposa e naquele aprendizado do qual, agora, nós todos não podemos saber mais nada.

Polônia, 1942
O Messias chegou a Sambor

Um homem assassina o escravo de outro homem para afrontá-lo.

Não estamos nas Pirâmides, ou na Roma antiga, ou numa plantação da Louisiana antes da Guerra de Secessão. Estamos na Europa, o ano é 1942, o lugar é um pequeno vilarejo polonês de nome quase ilegível, Drohobycz (escrevo da mesma forma que se escreve em polonês, pois, na época dos fatos que estou narrando, o vilarejo ficava na Polônia, mas agora faz parte da Ucrânia e se escreve de outro modo). Os homens são dois oficiais nazistas: um deles se chama Felix Landau, o outro Karl Gunther. Os dois brigam, e Gunther, para revidar, mata seu escravo, ou melhor, seu protegido, um pequeno judeu-polonês a quem Landau havia tomado sob sua proteção, pois gostava do modo como desenhava, e a quem havia encomendado afrescos para o quarto dos filhos.

Esse pequeno judeu que desenhava tão bem foi na realidade um dos maiores escritores do século XX não apenas da Polônia, mas da Europa, e se chamava Bruno Schulz.

Ele havia nascido exatamente cinquenta anos antes, em 1892, naquele mesmo país, e de lá tinha saído muito pouco – três anos passados em Viena –, e publicado dois livros de contos: *Lojas de canela* e *O sanatório sob o signo da Clepsidra*, em que havia descrito os eventos da cidade onde morava, Drohobycz, as inúmeras figuras que compunham seu mundo mesquinho, fascinante, banal e mágico, contados num tom fabular e onírico, mas também ansioso, angustiante.

Em suma, um cruzamento entre Marc Chagall e Franz Kafka.

"Um gnomo, um homem minúsculo com uma cabeça grande, desproporcional, muito assustado por ter coragem de existir, rejeitado pela vida, que se movia furtivamente em suas margens": assim o descreveu seu amigo (mas os amigos se tratam assim?) e colega Witold Gombrowicz. Entretanto, esse homem pequeno e insignificante era um escritor extraordinário.

A partir da segunda metade dos anos 1930, Schulz se dedicara a um romance intitulado *O Messias*, um romance que considerava a obra decisiva de sua vida e que desapareceu com ele, em novembro de 1942, no coração da Polônia, depois de uma vingança estúpida entre oficiais alemães.

As pessoas ouvem falar que estou interessado em Bruno e me enviam material sobre ele. Você ficará surpreso ao saber o quanto se escreveu sobre isso. Sobretudo em polonês, mas também em outros idiomas. E foram feitas várias conjecturas

HISTÓRIAS DE LIVROS PERDIDOS

sobre o conteúdo do *Messias*, desaparecido sem que ninguém nunca o tenha visto. Há aqueles que afirmam que, na história perdida, Bruno tentou levar o Messias ao gueto de Drohobycz, que tentou ser uma espécie de Josef De La Reina, que queria fazer aparecer o Messias em virtude do feitiço de sua prosa. Outros têm certeza de que, no manuscrito perdido, ele falava do Holocausto e dos últimos anos que passou sob o regime do conquistador alemão. Mas nós dois sabemos que as coisas não são assim. Que a vida era o que lhe interessava. A simples vida normal. A vida cotidiana; e o Holocausto era para ele apenas um laboratório louco que acelerou cem vezes a velocidade e a potência de todos os processos humanos...

Assim escreveu David Grossman nesta que considero ser sua obra-prima, *Ver: Amor*. Uma parte desse romance é dedicada a Bruno Schulz, que na ficção narrativa não morreu, mas se tornou um peixe, um salmão para ser exato, que foge para o mar e os rios.

Além do mais, Bruno Schulz, sua vida e seu livro desaparecido inspiraram muitos escritores. Além de Grossman, Cynthia Ozick, que escreveu um romance sobre *O Messias* e seu misterioso reaparecimento em Estocolmo – e veremos mais à frente como a narrativa às vezes antecipa a realidade –, e também um escritor italiano, Ugo Riccarelli, em seu *Un uomo che forse si chiamava Schulz* [Um homem que talvez se chamasse Schulz]. Acontece que os livros desaparecidos são capazes de evocar novos, de levar outros escritores a escrever, a preencher os espaços em branco que

{51}

foram criados. Mas o ofício dos escritores, como certa vez escreveu Mario Vargas Llosa, consiste em "mentir com conhecimento de causa". E não apenas quando transformam Bruno Schulz num peixe.

Por exemplo, temos de fato certeza de que, como escreve Grossman, *O Messias* desapareceu sem que ninguém nunca o tenha visto?

Tentemos, então, descobrir se esse livro realmente existiu.

Bruno Schulz dá notícias de que o está escrevendo numa série de cartas de 1934 a 1939. A partir dessas cartas também se percebe o quanto era importante para ele, como se fosse *o* Romance, realmente com R maiúsculo, algo que vinha depois de um período muito difícil, pela interrupção de seu noivado com Józefina Szelińska, que não conseguira convencê-lo a sair de seu país natal e ir morar com ela em Varsóvia. Essa relação, entre outras coisas, o levara a duvidar de seu pertencimento ao judaísmo, até o ponto de pensar em se converter ao catolicismo (sem saber que também sua namorada era uma conversa!). Provavelmente, foi o fim desse relacionamento que provocou uma reaproximação com a cultura dos pais, a cultura judaica, na qual a figura do Messias que ainda não chegou é central.

Outro elemento confirma que o romance existia e estava quase terminado: Arthur Sandauer, um importante crítico e intelectual polonês que era amigo de Bruno Schulz declarou que, em 1936, durante um feriado, o escritor leu o início de *O Messias*, que era mais ou menos assim:

> Sabe, disse minha mãe certo dia, o Messias chegou, já está na aldeia de Sambor.

Sambor era uma aldeia muito perto de Drohobycz.

Então, esse romance existia e, se for necessário, também temos outras provas. Antes de tudo podemos ler dois de seus capítulos, "O livro" e "A época brilhante", que, talvez por serem completos e convincentes, ou talvez por terem sido suprimidos do romance, tenham sido incluídos por Bruno Schulz como histórias independentes na coletânea *O sanatório sob o signo de Clepsidra*. Esses dois capítulos nos fazem captar a dimensão visionária que o romance devia ter, além de também estarem de acordo com as características próprias de sua narrativa anterior.

Além disso, há desenhos, porque *O Messias* devia ser um romance ilustrado pelo próprio Schulz, que, como eu disse no início, era um excelente pintor. Na realidade, dizer "ilustrado" é parcial e limitante, porque desenho e texto deveriam se apoiar mutuamente como partes integrantes da história. Uma espécie de romance gráfico *ante litteram*. E alguns desses desenhos chegaram até nós para testemunhar seu trabalho em *O Messias*.

Ademais, para ele, escrever e desenhar eram dois aspectos da mesma necessidade expressiva, como ele havia declarado numa entrevista a um amigo escritor, Stanisław Ignacy Witkiewicz, em 1935:

> À questão sobre se aparecem nos meus desenhos temas de minha prosa, responderei afirmativamente; trata-se de diferentes aspectos da mesma realidade, [...] a técnica do desenho impõe limites mais restritos que a prosa, por isso acho que me expresso mais plenamente por escrito.

E esses desenhos, entre outras coisas, nos permitem compreender o mundo de Schulz, um mundo judeu e arcaico, pobre e imóvel, muito distante do dos judeus da Europa Ocidental, um mundo que a invasão nazista realmente teria exterminado, como ele mesmo, aliás, parecia pressagiar já em 1938 em sua última história publicada, "O cometa":

> Um dia, meu irmão, que voltava da escola, trouxe a improvável e, no entanto, verdadeira notícia de um fim de mundo próximo. Pedimos para ele repetir o que dissera, pensando ter entendido mal. Mas não.

Portanto, *O Messias* existia, não há dúvida, e estava acabado, ou quase, quando chegou a notícia "improvável e verdadeira" de que explodira a guerra e a Polônia foi apagada da geografia política da Europa, dividida em duas pelo Pacto Molotov-Ribbentrop: uma parte foi para a União Soviética, a outra para a Alemanha. Drohobycz estava do lado russo da divisão.

{54}

HISTÓRIAS DE LIVROS PERDIDOS

No período da ocupação soviética, Schulz, que já em 1939 parece ter parado de escrever, coloca a salvo muitas coisas, confiando-as em particular a um amigo e colega, Kazimierz Truchanowski; acredita-se que também tenha lhe dado o manuscrito de *O Messias*, o que, no entanto, ele sempre negou.

Então, com a invasão da Rússia soviética pela Alemanha, em agosto de 1941, Drohobycz acaba sob o domínio nazista. A partir desse momento, as teorias sobre o que Schulz teria feito com seu romance se tornam incontáveis: alguns afirmam que o manuscrito foi enterrado num jardim, outros dizem que foi escondido numa parede, outros pensam que foi ocultado sob os azulejos de um piso, e assim por diante, porque esconder de alguma maneira seus próprios textos foi o que muitos escritores judeus fizeram na tentativa de salvá-los. Pelo menos um desses manuscritos foi encontrado e, se me for permitido um desvio no caminho, vale a pena contar a história.

Em 1978, dois operários, enquanto reformavam uma casa em Radom, na Polônia, descobriram dentro de uma parede que derrubaram uma garrafa que continha uma série de tiras de papel escritas em iídiche. O autor se chamava Simha Guterman e não havia sobrevivido à perseguição. Ele escrevera um romance que tinha relação direta com a vida dos judeus poloneses sob o nazismo e, ao poucos, foi escondendo as várias partes em lugares diferentes, mostrando-as ao filho Yakov, para que se lembrasse delas. O filho sobreviveu e emigrou para Israel, mas, quando voltou à Polônia,

{55}

não conseguiu encontrar os esconderijos do pai: uma questão de memória, é claro, mas também de um país em grande parte destruído e reconstruído. No entanto, uma parte reapareceu, mais de trinta anos depois, graças a esses dois operários que encontraram a garrafa e decidiram não jogá-la no lixo. E hoje podemos ler pelo menos essa parte do romance.

O Messias, por outro lado, não reapareceu durante nenhum trabalho de restauração em Drohobycz, e é certo que, entre todos os materiais de Bruno Schulz que Jerzy Ficowski, poeta e pesquisador polonês, reuniu pacientemente durante anos (cartas, desenhos, notas que tanto contribuíram para a redescoberta do escritor no período pós-guerra), não está seu único romance.

Muitas das coisas que escrevi até agora fiquei sabendo graças a Francesco Cataluccio, que é um apaixonado e grande conhecedor da cultura polonesa e, como demonstra seu livro *Vado a vedere se di là è meglio* [Vou ver se lá é melhor], me disse tudo aquilo que ao longo dos anos conseguiu saber sobre Bruno Schulz. Mas a história mais incrível é aquela que me contou no final de nossa conversa.

Como mencionei no início, entre os livros dedicados ao escritor polonês e sua obra perdida, está aquele de Cynthia Ozick, intitulado *The Messiah of Stockholm* [O messias de Estocolmo]. Nesse livro de 1987, a escritora americana imagina que um homem, que se acredita ser o filho natural de Bruno Schulz, entra em contato, numa livraria antiquária de Estocolmo, com um estranho personagem, uma mulher que afirma ter o manuscrito de *O Messias*. O manuscrito eventualmente desaparecerá de novo (para ser mais exato, será queimado por aqueles que o consideram falso), mas o protagonista continuará a se perguntar se esse livro realmente *era O Messias*.

Bem, alguns anos depois da queda do império soviético, no início da década de 1990, Bronisław Geremek, historiador e então ministro das Relações Exteriores polonês, disse a Francesco Cataluccio que fora abordado por um diplomata sueco algum tempo antes. Esse diplomata havia sido contatado em Kiev (Drohobycz, como eu disse, agora faz parte da Ucrânia) por um ex-agente da KGB, ou pelo menos por alguém creditado como tal, que afirmara que o manuscrito de *O Messias* de Bruno Schulz estava nos arquivos da polícia política e que, se o governo sueco estivesse interessado ou pudesse ser mediador junto ao governo polonês, ele estaria disposto a vendê-lo. Geremek conseguira obter uma página desse manuscrito para enviá-lo a especialistas que pudessem atestar sua autenticidade, entre eles Jerzy Ficowski. A opinião fora que poderia realmente se tratar de *O Messias*. Pagou-se, então, ao diplomata sueco a quantia necessária para resgatar o texto, e ele, com a soma solicitada, partiu para a Ucrânia.

Talvez tenha retirado o manuscrito, talvez não. Não podemos saber, porque, durante sua viagem de regresso, sofreu um acidente: seu carro pegou fogo e ele e o motorista morreram.

Como o acidente aconteceu, se foi uma morte provocada ou acidental, não podemos saber. Nem podemos saber se o manuscrito estava no carro, e então, como no romance de Ozick, foi queimado, ou se o próprio diplomata havia retornado com as mãos vazias e o manuscrito ainda exista em algum lugar. Também pode ter sido um quadro montado para conseguir, naqueles anos confusos e terríveis, trazer para casa uma ótima soma de dinheiro em dólares americanos.

Desde então, muitos se apresentaram como proprietários do manuscrito, seja abordando Ficowski, seja contando o herdeiro de Bruno Schulz, o filho de seu irmão, que mora na Suíça: nenhum desses contatos nunca levou a nada.

Moscou, 1852
Uma *Divina comédia* das estepes

Em todos os casos dos quais me ocupei até aqui, os livros perdidos nunca desapareceram por responsabilidade de quem os escreveu; nem mesmo por distração ou involuntária cumplicidade do autor, como será para Malcolm Lowry.

Na história que estou prestes a contar, ao contrário, foi o perfeccionismo do escritor, sua vontade de entregar ao mundo algo que estivesse acima de tudo e de todos, indiscutível, maravilhosamente incomparável, o que decretou sua inevitável derrota; foi essa vontade de produzir algo que não tivesse defeitos, uma obra de arte que reunisse os motivos da literatura e da moralidade que precipitou sua tragédia humana e criativa.

Estou falando de Nikolai Gógol, um dos grandes escritores da literatura russa do século XIX, autor de histórias curtas inesquecíveis como "O capote" ou "O nariz", mas sobretudo de um romance chamado *Almas mortas*. E é esse romance a vítima da qual vou me ocupar agora.

Na realidade, o volume *Almas mortas* é encontrado em todas as livrarias, mas o que podemos ler é apenas a primeira parte de um trabalho que deveria ter tido dimensões muito mais imponentes. Na verdade, também chegaram cinco capítulos da segunda parte, que são frequentemente colocados num apêndice, mas se trata de um primeiro rascunho que Gógol abandonou porque não o deixou satisfeito. Na ideia do escritor russo, o romance deveria ter sido tripartite, como uma espécie de *Divina comédia* das estepes, com inferno, purgatório e paraíso.

Na primeira parte, a publicada em vida pelo autor, o protagonista, Tchítchicov, aparece numa pequena cidade da província russa com o propósito de comprar as almas mortas, isto é, os servos da gleba que faleceram mas ainda estão presentes nos registros estatais, e sobre os quais, portanto, os proprietários ainda tinham de pagar impostos. O que você faz com isso? Por que você os compra?, todos se perguntam. Mas todos, de qualquer modo, aproveitam para vendê-los, economizando, portanto, em impostos. E Tchítchicov também leva sua vantagem, porque hipoteca essas almas inexistentes e usa o capital para investir ou gastar.

A história foi inspirada num acontecimento contado a Gógol por Pushkin, que aparentemente ficou nervoso pelo roubo criativo do amigo.

O primeiro volume de *Almas mortas* (o título, em razão da censura, no início foi *As aventuras de Tchítchicov ou as almas mortas*; as almas, na verdade, por definição, tinham de ser imortais e, portanto, era melhor que, combinado com esse adjetivo, permanecessem confinadas ao subtítulo) foi publicado, em 1842, com um sucesso estrondoso. Um livro inclassificável, brilhante, irônico, grotesco, realista: todas essas coisas juntas. Ele foi exaltado e atacado, desbancado pela crítica reacionária e admirado pelo mundo literário russo mais inovador. Diante dos elogios, Gógol, que já devia ter uma discreta opinião de si mesmo, pensou que era o melhor de todos: um tipo de Messias das letras enviado à Terra para mostrar o caminho certo ao povo russo. E talvez tenha sido justamente isso o que o fez com que se perdesse.

Perfeccionista e autodestrutivo: Gógol sempre havia sido assim. Quando tinha apenas 18 anos, escreveu um poema, publicou-o numa pequena revista local, mas, diante das reações negativas despertadas, comprou todas as cópias da revista e queimou-as.

No caso de *Almas mortas*, no entanto, não só não existem reações negativas das pessoas cujo julgamento Gógol respeitava, mas, ao contrário, elas próprias criaram muitas expectativas, e ele decidiu dar um tempo.

Gógol começou a viajar pela Europa –Alemanha e Itália acima de tudo – e, nessas viagens, escrevia e descartava, escrevia e reescrevia, como se tudo que saía de sua caneta nunca fosse totalmente satisfatório. Num enxame de rascunhos diferentes, cuja reconstrução é impossível para mim e difícil até mesmo para os estudiosos mais acurados, despontam cinco capítulos que sobreviveram – não sabemos como – a outra fogueira liberatória de Gógol, que deve ter acontecido por volta de 1845 (mas há aqueles que dizem que essa queima nunca aconteceu e que esses capítulos provêm de um rascunho simplesmente esquecido).

Em todo caso, do fato de o escritor russo nunca estar feliz com o que colocava no papel, com tudo o que escrevia, não há dúvidas. Temos testemunho, por exemplo, de que, em 1849, na casa de uma certa Alexandra Smirnova, foram lidos vários capítulos de uma nova redação da segunda parte do romance (que ele também chamava de poema, da mesma forma que Pushkin chamava de romance o *Eugene Onegin*, que é escrito em versos: os russos são pessoas estranhas).

Em suma, no meio dessa enorme confusão de diferentes rascunhos e viagens contínuas, às quais devemos acrescentar sua pobre saúde, física e mental, a única coisa certa é que o segundo volume das *Almas mortas* em determinado momento desapareceu.

Estamos em Moscou, na madrugada entre 11 e 12 de fevereiro de 1852 (do calendário russo, que então divergia mais do que dez dias do nosso: a revolução de outubro em nosso calendário estourou em novembro), dez dias antes da morte de Gógol. Ele está hospedado na casa de um amigo: o conde Tolstói (não o escritor). A única testemunha do que aconteceu é seu criado, e se aquele que foi usado por Franco Buffoni no caso de Byron era uma invenção literária, este é um verdadeiro criado: um menino muito jovem, de apenas 13 anos, cujo nome é Semyon.

A história que o menino conta (se decidirmos acreditar nela) é dolorosa: Gógol traz uma pasta e dela tira um pacote de folhas (diz-se pelo menos quinhentas), atadas por uma fita. Diante do jovem, abre a porta do forno (ou era uma lareira?) e joga o pacote no interior. Semyon grita: "Mestre! O que está fazendo? Pare!". Gógol responde secamente: "Isso não lhe diz respeito. Reze, isso sim!". Mas as folhas, mantidas juntas pela fita, não começam a queimar. Então Gógol as pega do forno (ou chaminé), desata-as e torna a jogar umas poucas por vez, ateando-lhes fogo com um vela. Agora elas queimam facilmente. Quando tudo acaba, Gógol se joga na cama e começa a chorar.

Serena Vitale, extraordinária erudita de assuntos russos, a quem devo muitas informações sobre essa história, fala sobre o que aconteceu naquela sala moscovita em fevereiro de 1852: "É a primeira das muitas fogueiras que, por insatisfação ou medo da censura, preenchem a história da literatura russa nos séculos XIX e XX: Dostoiévski (com a primeira versão de *O idiota*), Pasternak, Bulgakov, Anna Achmatova".

E então ela cita uma passagem de Marina Tsvetaeva, que oferece uma leitura mais fortemente simbólica daquele fogo:

O poeta? Um dormente. Alguém acordou. O homem do nariz aquilino e rosto de cera que na lareira de uma casa de Šeremetev queimou um manuscrito. A segunda parte de *Almas mortas*. [...] Aquela meia hora que Gógol passou na frente de uma lareira fez mais – a favor do bem e contra o mal – do que todos os anos de pregação de Tolstói.

A favor do bem e contra o mal (isto é, a arte): pois essa fogueira teve muito a ver com a crise mística e religiosa, muito semelhante a uma neurose esmagadora, que havia acometido Gógol, e era, junto com a insatisfação literária, o motivo dessa fúria contra si mesmo que se acompanhava de práticas ascéticas e jejuns, sob a orientação de um arcebispo rigoroso, Matvej Konstantinovskij, um dos muitos inspiradores de personalidades e artistas que constelavam a vida da Rússia até o Rasputin do último czar.

E então o quadro parece mais claro: na origem de sua escolha de destruir a segunda parte de *Almas mortas* não estão apenas suas enormes expectativas artísticas, a ideia de que aquele livro deveria ser a obra-prima imperecível da literatura russa, mas também a vontade de ensinar, de erigir uma grande catedral dedicada à reconstrução moral do povo russo.

E aqui chegamos ao ponto, porque, se Gógol, com seu realismo grotesco, era capaz de contar bem o inferno de mediocridade, como poderia, com as mesmas armas literárias, construir o purgatório e o paraíso das estepes?

Além disso, parece que Konstantinovskij o convidou várias vezes a renunciar à arte, a esse mundo corrupto e imperfeito, a essa sublime doença antitética à saúde da fé. E, talvez, no fim das contas, Gógol tenha acatado sua sugestão.

Histórias de livros perdidos

Nessa mudança, teve um papel importante o círculo de eslavófilos que o cercou e cuja crença era representada pela tríade da ortodoxia, do czarismo, da autocracia. Um círculo reacionário de admiradores que o dirigiam a um campo, o da política, que certamente não lhe era próprio e o levou a escrever artigos embaraçosos.

Portanto, a destruição poderia ter se originado em sua crise mística e no entusiasmo ideológico antiocidental (justamente ele, que havia estado muito bem em Roma...).

Mas também há outras teorias sobre a queima da segunda parte de *Almas mortas*, como cai bem a uma história russa como essa: por exemplo, que ele teria queimado essas páginas por engano, confundindo-as – é isso que acontece quando se acumulam muitos rascunhos diferentes! – com uma versão anterior que queria excluir. Suposições sinceramente improváveis, embora suas precárias condições de saúde também possam justificar um erro dessa magnitude. Estamos, de fato, no final da sua vida: depois do fogo daquela noite, viverá ainda dez dias, mas agora numa espécie de agonia prolongada, sem querer mais comer, importunado pelo cuidado desnecessário dos médicos (banhos frios, aplicação de sanguessugas etc.), desesperado.

Outros dizem que não houve queima porque não existia manuscrito algum e que o criado havia inventado tudo. Outros, ainda, na tradição russa que vê complôs por todos os lados, afirmam que o manuscrito foi roubado por seus inimigos. Quais? Por quê? Talvez os reacionários eslavófilos que não queriam que sua conversão fosse manchada por

{65}

um texto que a contradizia? Ou os democratas pérfidos que teriam destruído esse canto à Rússia rural e ortodoxa, inimiga do Ocidente secularizado?

Se assim fosse (não é a primeira vez que acontece de encontrar hipóteses semelhantes em relação aos meus livros desaparecidos), talvez o manuscrito ainda possa existir em algum lugar, escondido, mas pronto, cedo ou tarde, para retornar à luz.

"Eu não acredito nisso", me diz Serena Vitale, "mas se um dia acontecer", ela acrescenta, rindo, "mesmo que eu já tenha morrido, volto da vida após a morte para lê-lo."

Mais uma pergunta: estava completo ou ainda não havia terminado?

Talvez com Gógol nada chegasse realmente ao fim: seu perfeccionismo maníaco, suas constantes correções, as incertezas sobre o que fazia envolviam revisões contínuas. E não é coincidência que até mesmo os testemunhos de leituras públicas dizem respeito aos primeiros capítulos, aqueles dos quais já estava evidentemente bastante satisfeito. Mas me parece convincente a teoria daqueles que acreditam que esse segundo volume existia e estava quase concluído.

E, talvez, além das crises místicas e dos complôs políticos, o verdadeiro motivo, o mais apropriado à natureza profunda de Gógol, seja que ele o tenha destruído porque não conseguiu encontrar o caminho certo para trazer aquele simpático embusteiro Tchítchicov à redenção, não podia tornar reais e verdadeiros os personagens positivos. Sua mão, extraordinariamente eficaz em desenhar as figuras de golpistas irredimíveis, de medíocres arrendatários de províncias, de pequenos monstros da grande Rússia, se enfraquecia muito quando tinha de se encaminhar à estrada do bem. Quase emudecendo-se diante da tarefa de descrever o bem, que tanto aspirava, do mesmo modo que Tchítchicov silenciava diante do proprietário sábio e capaz, representado no romance por Kostanzoglo.

Não é, afinal, o problema com o qual também se defrontará Dostoiévski, em sua dificuldade de justapor às grandiosas figuras dos pecadores descrições também eficazes dos homens bons, um problema que nem mesmo a vontade edificante do realismo socialista será capaz de superar?

Tolstói talvez estivesse certo quando, em seu diário de 28 de agosto de 1857, escreveu: "Eu li a segunda parte de *Almas mortas*, desastrosa". Tratava-se, obviamente, daqueles primeiros cinco capítulos que chegaram até nós, a única tentativa que podemos avaliar de como Gógol procurou resolver o problema (mesmo que eu humildemente discorde do julgamento tão *tranchant* de Tolstói).

Mas aquele era um rascunho que o próprio escritor havia considerado desatualizado, mesmo que fosse o único sobrevivente ao seu desejo de perfeccionismo.

Vou tentar resumir a condição em que se encontrou Gógol: foram seus ideais religiosos que direcionaram a obra, de acordo com os cânones dantescos da redenção após a queda, fora a fidelidade à sua arte que o levou a eliminar tudo que não conseguia alcançar a qualidade que ele exigia de si mesmo.

Poderíamos, então, rebater a tese de Tsvetaeva: na queima das almas mortas, a vencedora talvez tenha sido a arte. Embora, conhecendo a mão de Gógol, é provável que surgissem dessas páginas perdidas, no entanto, os traços de um talento extraordinário.

Tsvetaeva ainda escreve:

Talvez a segunda parte de *Almas mortas* não nos seduzisse, mas certamente nos teria dado alegria.

Colúmbia Britânica, 1944
Não é fácil viver numa cabana

O paradigma do artista maldito é difícil de desaparecer. Muitos continuam a pensar que uma vida desregrada, cheia de excessos e aventuras, constitua a base sobre a qual um talento pode construir maravilhas. Basta pensar em músicos – especialmente nos de jazz, mas também nas estrelas de rock dos anos 1960 e 1970 –, que, em muitos casos, estavam convencidos de que a marginalidade era mais interessante do que uma vida burguesa, que beber e se drogar tinham um efeito positivo em sua criatividade, e depois percebiam que era exatamente o oposto e que, aos primeiros momentos de euforia e aparente expansão de sua inventividade, seguiam-se a depressão, o deslumbramento, a dissolução física. Quantas histórias desse tipo poderíamos contar, de Bix Beiderbecke a Charlie Parker, de Janis Joplin a Jimi Hendrix.

Isso também se aplica aos escritores, porque muitas vezes a história de sua vida aventureira acabou por dominar sua capacidade literária, e a fama alcançou autores que realmente não a mereciam.

Para além dos lugares-comuns, aquelas vidas desreguladas e absurdas muitas vezes tiveram consequências negativas sobre as obras de quem as conduzia, não só pela dificuldade de dar ritmo ao trabalho ou concluir aquilo que se começava, mas também porque, dentro daquela total confusão, perder ou danificar seus próprios textos era relativamente fácil. Quem tem uma tendência a destruir-se muitas vezes contribui a destruir também suas próprias coisas.

Nessa categoria de artistas malditos parece se inscrever Malcolm Lowry, cujo apelo imoderado ao álcool virou lenda e, muitas vezes, foi considerado intimamente ligado ao seu próprio estilo literário. Mas tenho certeza de que ele não achava que seu vício o levava a escrever melhor. Pelo contrário, toda aquela bebida nasceu do sofrimento existencial que vinha desde a adolescência (começou a se embriagar aos 14 anos), e a escrita era a batalha diária contra esse terrível e irreprimível hábito. Claro, uma tendência destrutiva, bem como aquela de sua própria obra, sem dúvida faz parte de sua dificílima existência.

Temos dois livros publicados por Malcolm Lowry em vida: *Ultramarina* e *À sombra do vulcão*, por unanimidade considerado seu melhor livro e uma obra-prima em absoluto. Alguns outros textos foram publicados postumamente usando materiais não acabados, primeiros rascunhos aos quais outros deveriam ter se seguido. Mas um romance, do qual se diz que havia chegado a contar mais de mil páginas, cujo título era *In Ballast to the White Sea* [Rumo ao Mar Branco], esse, ao contrário, parece ter se perdido permanentemente (do "parece" vou dar conta no final deste capítulo).

Malcolm Lowry nasceu em 1909, filho de um rico comerciante de algodão. Sua vida parece desde o início marcada pela oscilação entre agradar à família (aos 15 anos ganhou o campeonato nacional juvenil de golfe, então se matriculou em Cambridge, como desejava sua mãe, e se submeteu à vontade paterna de entrar na empresa familiar) e um desejo de independência e desapego que o levou a embarcar como simples marinheiro num navio mercante. Entre outras coisas, foi durante uma de suas viagens que conheceu, em Oslo, o poeta Nordhal Grieg, uma figura estranha, um stalinista norueguês, que foi a fonte de inspiração para o seu primeiro romance, *Ultramarina*. Alguns afirmam que, na verdade, o livro era um verdadeiro plágio do trabalho poético desse autor, como realmente admitiu Lowry numa carta a Grieg:

> Muito de *Ultramarina* é uma paráfrase, um plágio ou um paródia do que você escreveu.

Entre uma bebida e outra, Lowry conseguiu perder até mesmo aquele primeiro romance, ou melhor, alguém o roubou junto com uma mala jogada no assento do conversível do seu editor em frente a um bar. Felizmente, um amigo, que datilografara a última versão do romance e, evidentemente, sabia com quem estava lidando, lhe devolveu a cópia em carbono que recuperara do lixo da casa de Lowry.

Depois de ter voltado para a Inglaterra e concluído seus estudos universitários em Cambridge, Lowry fugiu novamente, desta vez para a Europa continental: na Espanha ele conheceu a escritora Jan Gabrial, com quem se casou em 1934, em Paris, e com a qual morou no México e nos Estados Unidos (esses movimentos contínuos são o enésimo sinal de sua inquietação incontrolável).

Malcolm e Jan se amavam muito, mas, no final, ela decidiu deixá-lo, porque, como alegou anos depois, a vida com Lowry era impossível, a menos que você se tornasse algo entre uma mãe e uma enfermeira, e Jan não se considerava nenhuma das duas coisas. Uma história curta, a deles: já havia terminado em 1937. Ainda assim, Lowry nunca teria se recuperado do luto por essa perda: ao se ler *À sombra do vulcão*, percebe-se que ela foi o verdadeiro amor de sua vida.

Em 1938, Lowry, que havia permanecido sozinho depois que Jan fugiu com outro, deixou o México (para ser mais preciso: foi expulso) e foi para Los Angeles, sempre dividido entre a escrita e o alcoolismo. Lá, ele morava num hotel que seu pai começou a pagar diretamente quando descobriu que Lowry estava gastando em bebida todo o dinheiro que ele enviava. Foi em Los Angeles que conheceu sua segunda esposa, Margerie Bonner, uma aspirante a escritora que trabalhara, quando criança, no mundo dos filmes mudos como atriz e que cuidou dele pelo resto da vida, com aquela dedicação que Gabrial não lhe devotara.

De Los Angeles, mudaram-se para Vancouver (onde Margerie se juntou a ele levando o manuscrito de *À sombra do vulcão*, que Lowry, como de costume, havia esquecido na Califórnia) e depois para uma pequena aldeia da Colúmbia Britânica: Dollarton, onde moraram numa espécie de cabana, sem luz e água corrente, de 1940 a 1954.

Será essa cabana que pegará fogo em 1944, queimando no incêndio a única cópia existente de *In Ballast to the White Sea*, no qual Lowry havia trabalhado por nove anos: um esforço e um compromisso tais que o escritor nunca pensou que conseguisse escrevê-lo novamente.

A ideia em que ele havia trabalhado era construir uma espécie de *Divina comédia* bêbada: *The voyage that never ends* [Viagem sem fim].

Se *À sombra do vulcão* representava o inferno (e, afinal, o que há de mais infernal do que o topo fumegante do Popocatépetl?), *In Ballast to the White Sea* era o paraíso, e a água representava, em oposição ao fogo, o elemento de libertação e purificação. O purgatório deveria ser um romance, publicado postumamente em 1968 num rascunho não definitivo, chamado *Lunar caustic* e, em outra versão, também publicada recentemente, *Swinging the Maelstrom*.

O paraíso de Lowry era marinho, como o título nos permite adivinhar. Na verdade, a tradução poderia ser mais ou menos esta: em navegação (mas *in ballast* é quando o porão do navio não tem carga, exceto o lastro necessário para estabilizá-lo) para o Mar Branco. O Mar Branco é um mar lateral do Mar Glacial Ártico, todas as terras que o cercam são russas e, em suas margens, encontra-se a cidade de Arkhangelsk. E isso, juntamente com uma série de informações que nos chegam através de cartas e outras fontes, também nos diz que a mitologia político/existencial que já o fascinara em *Ultramarina* e nos contatos com Nordhal Grieg devia ser também a base desse romance.

De acordo com alguns, a ideia de Lowry era unir o socialismo inglês dos intelectuais de Cambridge com a visão mítica e nórdica do poeta norueguês: dois elementos que provavelmente são incompatíveis – ainda mais à luz da reapropriação dos mitos arianos pelos nazistas, que assustaram tanto o escritor inglês –, mas isso foi abordado, diz-se, com domínio e eficácia. Uma confusão extraordinária digna do melhor Lowry, é de se pensar.

No site da Ottawa University Press (veremos mais tarde por que lá) também se diz que o romance falava sobre um estudante de Cambridge que queria se tornar um escritor, mas descobre que seu livro e, de alguma forma, sua vida já foi escrita por um romancista norueguês (boa inversão ao que ele havia feito ao pobre Grieg com *Ultramarina*!).

Enfim, se o romance tinha mil páginas, devia conter muita coisa, acompanhada, como de costume, das habilidades estilísticas acrobáticas que representam a marca registrada de Lowry.

HISTÓRIAS DE LIVROS PERDIDOS

Porém, depois de nove anos, ainda não o terminara, talvez porque não devia ser fácil para um escritor luciferino como ele escrever seu próprio paraíso (acabamos de ver que Gógol sofreu o mesmo problema) e isso poderia explicar o tempo, os segundos pensamentos, o acúmulo de material. Então, em 1944, a cabana de Dollarton pegou fogo.

Alguns anos atrás, dois amigos meus, escritores e também admiradores entusiasmados de Lowry, foram lá juntos: Sandro Veronesi, enviado por um jornal, e Edoardo Nesi, às suas próprias custas, por pura paixão. Foram eles que me contaram a história de *In Ballast to the White Sea*, levando-me a incluí-lo nesta história de livros perdidos.

Sandro me contou sobre aquela expedição num lugar fora do mundo, onde da presença de Lowry só restava uma pedra no ponto em que a cabana antes se erguia. Estamos perto de Vancouver, na baía de Burrard. Ali, Lowry viveu, como eu disse, quase quinze anos, escrevendo, tentando beber menos, nadando no oceano gelado. Árvores altas, praias, água: nada mais. O lugar mais ocidental do mundo, o mais longe possível do nazismo.

"Esperávamos encontrar algo", diz Sandro, "mas, quando chegamos lá, vimos que era realmente o Nada: apenas barracas como as que ficam na beira do rio Pó para pescar com rede, não casas para viver. Mas ele ainda esteve muito tempo, cuidado pela santa mulher que era Margerie, numa situação em que obter álcool era certamente mais complicado do que se estivesse em Londres ou Nova York."

{75}

Então o casebre queimou em 1944. E, sucessivamente, foram danificadas pelo fogo, mesmo que não destruídas, outras duas cabanas construídas no lugar da primeira. As notícias desses incêndios vêm das histórias de Lowry, e, portanto, são imprecisas e contraditórias.

De resto, muitas outras coisas não batem. Por exemplo: como ele teria trabalhado nove anos se o manuscrito foi queimado em 1944? Ele teria começado a escrever o paraíso antes do inferno? E Margerie, que o conhecia bem, que também conhecia seus antecedentes com os datiloscritos, não pensou em salvar de qualquer forma uma cópia do romance? Até se duvida que o manuscrito tenha existido.

E, em vez do texto, permaneceram alguns fragmentos, preservados como relíquias sagradas na Universidade da Colúmbia Britânica: pequenos pedaços de papel queimados nas bordas, como os mapas do tesouro dos piratas.

A última linha do fragmento que vi na internet diz:

now he had hours, hours more...

No entanto, o que lhe faltou talvez tenha sido exatamente o tempo e a força para começar a escrever desde o início um romance de mais de mil páginas. E é realmente possível entender que não a tenha encontrado de novo, mesmo porque suas condições pioraram gradualmente, e o sucesso que angariou com a publicação de *À sombra do vulcão* foi contraproducente, já que o levou de novo a viajar, a deixar Dollarton, enquanto estava conseguindo dar o melhor de si,

HISTÓRIAS DE LIVROS PERDIDOS

quando estava enraizado num lugar, mesmo no nada da Colúmbia Britânica, com pouquíssimo dinheiro, fruto exclusivo da pequena renda que seu pai lhe enviava, cuidado, encorajado e apoiado por Margerie.

Sandro Veronesi ainda me diz que, muitos anos atrás, quando era editor-chefe da *Nuovi Argomenti*, publicou um número da revista com muitos materiais relacionados a Lowry: cartas e testemunhos, em particular. Entre esses últimos, um de seu médico que, com o desapego de um homem da ciência, descreveu as características de uma pessoa doente; deficiente, poderíamos dizer. Lowry construía seus textos ditando-os, já que não conseguia escrever, pois lhe tremiam as mãos, enquanto, de pé, esfregava os nós dos dedos na mesa, num gesto compulsivo que o fazia sangrar. Compor (costumo usar este verbo geralmente quando estou me referindo à música) sempre era para ele um sofrimento físico e mental.

Mas, mesmo para aqueles que relataram esse estado de doença e sofrimento, mesmo para o seu médico, aquele homem infeliz era um gênio; sem dúvida, um gênio.

Eu quase havia terminado de escrever este livro quando, navegando na internet em minha busca habitual por mais algumas informações sobre meus volumes perdidos (eu poderia chamá-los assim, como se fossem crianças, e eu fosse seu Peter Pan), encontrei a notícia mais clamorosa dessa viagem: numa coleção da Ottawa University Press, estava

{77}

previsto o lançamento de *In Ballast to the White Sea* no outono seguinte.

Comecei a procurar feito louco na internet: talvez um livro perdido tivesse sido encontrado! E descobri que um dos editores dessa edição estava viajando ao redor do mundo para dar uma palestra sobre o romance. Uma, em particular, tinha sido planejada na Noruega e foi dedicada aos princípios teóricos da derivação nórdica do livro.

Também me perguntei se este capítulo do meu livro não deveria ser atirado ao fogo. Eu estava ao mesmo tempo feliz e descontente.

Na verdade, este *In Ballast to the White Sea* publicado no Canadá é um rascunho encontrado entre os papéis doados pela primeira esposa Jan Gabrial para uma universidade americana. É o rascunho que Jan e Malcolm deixaram com a mãe dela antes de partir para o México. Estamos, mais ou menos, em 1936.

Então não é o nosso livro, diz Edoardo Nesi no e-mail em que envio todos os links necessários para examinar a notícia.

Não é o nosso livro, é claro. Também de *À sombra do vulcão*, por exemplo, há um rascunho que antecede o publicado por Lowry em 1947. Esse texto é mais um manuscrito inacabado que o escritor deixou para trás, talvez voluntariamente, talvez não. E é de se perguntar como ele esqueceu completamente daquilo e nunca pensou em procurá-lo. Mas é o primeiro e único caso, nesta minha jornada, em que alguma coisa perdida foi reencontrada. É a prova, mais significativa do que qualquer pedaço de papel queimado, de que esse livro existiu e, portanto, é possível, aliás muito provável, que um rascunho posterior de mais de mil páginas se encontrasse na cabana canadense.

E também me faz pensar que talvez não haja ninguém no mundo, nem mesmo um homem plenamente saudável, que seja capaz de escrever o mesmo romance pela terceira vez.

Catalunha, 1940
Uma pesada mala preta

A vida de Walter Benjamin termina em 26 de setembro de 1940 numa pequena aldeia na fronteira entre a França e a Espanha, Port Bou. E é ele quem decide terminá-la.

Claro que é estranho pensar que um dos mais importantes intelectuais do século XX, um homem tão cosmopolita, tenha sido obrigado a escolher, ou melhor, a suportar o próprio destino num lugar na periferia de tudo.

Quando digo um dos mais importantes intelectuais do século XX, estou certo de não exagerar, e deveria acrescentar outro adjetivo para defini-lo: europeu, porque, se houve um homem que pensou nesses termos, nos anos em que a Europa era apenas uma expressão geográfica, foi ele, levado a mudar de uma nação a outra não só pelos acontecimentos e perseguições por ser judeu, mas também por seus interesses e por sua curiosidade.

Nascido na Alemanha, em Charlottenburg, em 1892, depois das leis de Nuremberg, foi forçado a se mudar para a França, e Paris se tornou uma segunda pátria para ele, o lugar de suas paixões intelectuais, tanto que uma de suas obras fundamentais, mesmo que não finalizada, *Passages*, é inteiramente dedicada à Paris do século XIX.

Acho que Benjamin é uma figura excepcional, pois é difícil encontrar alguém que tenha juntado à erudição enciclopédica, o gosto minucioso da acumulação de materiais e noções, o refinamento que muitas vezes coincide com o fato de ser um epígono – conclamado a concluir um caminho em vez de iniciar outro –, sua própria capacidade de inovar, de ler o mundo sob uma luz diferente, aproveitando os únicos elementos iniciais das transformações de época que nos aguardavam. E, no entanto, aqueles que revolucionam geralmente não se preocupam com o estilo, apenas em quebrar, destruir, inventar, sem muitas preocupações com a linguagem.

Mas Benjamin era um revolucionário muito refinado.

Foi ele, por exemplo, o primeiro a entender que a possibilidade de reproduzir a obra de arte, de poder vê-la sem estar fisicamente no lugar de sua conservação, teria esvaziado essa mesma obra de sua *aura*, dessa conjunção de distância, singularidade e maravilha que marcava a superioridade do artista em relação ao mundo.

O que fazia então esse intelectual refinado e criativo, tão profundamente citadino, naquele pequeno país fronteiriço? E acima de tudo, para me aproximar do tema da minha pesquisa, qual é o livro que Walter Benjamin perdeu? Porque se entenderá que, se eu o segui até aqui, nos contrafortes que desciam dos Pireneus para a Catalunha, é para

HISTÓRIAS DE LIVROS PERDIDOS

descobrir o que aconteceu com o texto datilografado que levava consigo dentro de uma pesada mala preta da qual ele nunca queria se separar.

Voltemos alguns meses. Como eu já disse, desde 1933, Walter Benjamin morava em Paris, com a irmã Dora. Mas, em maio de 1940, após um período de imobilidade absoluta do front entre a França e a Alemanha, as tropas alemãs, invadindo os territórios de dois países neutros, a Bélgica e os Países Baixos, penetraram no território adversário sem enfrentar resistência, apenas porque ninguém esperava um ataque daquela direção. Entraram em Paris no dia 14 de junho de 1940 e, no dia anterior, apenas no dia anterior, Benjamin decidira deixar aquela cidade tão amada, mas que para ele estava se tornando uma armadilha.

Antes de fazê-lo, deixou com Georges Bataille, um intelectual como ele cheio de interesses e curiosidade, as fotocópias – digamos as *ur*-fotocópias, resultado das primeiras tentativas de reproduzir fotograficamente os documentos – de sua grande obra inacabada sobre Paris, *Passages*. Isso é importante porque, mesmo que na mala que mencionei estivesse preservado o original desse trabalho, a certeza de que outra pessoa tinha uma cópia dificilmente justificaria o apego mórbido àquela mala preta.

Quando escapou de Paris, Benjamin tinha uma ideia na cabeça: chegar a Marselha e de lá, tendo em mãos a autorização de emigração para os Estados Unidos que seus amigos

{83}

Theodor Adorno e Max Horkheimer conseguiram obter para ele, ir a Portugal e embarcar para a América.

Walter Benjamin não era um homem velho, tinha apenas 48 anos, embora os anos lhe pesassem mais do que antes. Mas era um homem cansado e doente – os amigos o chamavam de velho Benj, ele sofria de asma, já tivera um ataque cardíaco –, sempre incapaz de qualquer atividade física, passava todo o seu tempo em livros ou conversas intelectuais. Cada movimento, cada esforço físico representava para ele um trauma, mesmo que seus reveses o tivessem forçado, ao longo dos anos, a 28 mudanças de endereço. E, além disso, era incapaz de enfrentar a cotidianidade da existência, a vida corriqueira.

Hannah Arendt, ao descrever Benjamin, retomou o que Jacques Rivière disse sobre Marcel Proust:

> Ele morreu da mesma incompetência que lhe permitiu escrever sua obra, morreu porque era inexperiente no mundo, porque não sabia como acender uma lareira, como abrir uma janela.

E acrescentou:

> Sua falta de destreza o levava inevitavelmente ao encontro da má sorte.

E agora esse homem inepto nas coisas da vida cotidiana era obrigado a se mudar no meio de uma guerra, para um país em desordem, para uma confusão inextricável.

HISTÓRIAS DE LIVROS PERDIDOS

No entanto, e milagrosamente, depois de longas paradas forçadas e etapas percorridas com extrema dificuldade, Benjamin conseguiu chegar a Marselha no final de agosto, numa cidade que naquela época era a encruzilhada de milhares de refugiados e pessoas desesperadas que tentavam escapar do destino que as perseguia. E, para sobreviver, para poder sair daquela cidade, os documentos deveriam estar em ordem: a autorização de residência na França, em primeiro lugar, e depois os vistos para deixar o país, para atravessar a Espanha e Portugal, e, finalmente, aquele de entrada nos Estados Unidos. Benjamin foi tomado pelo desânimo.

Afinal, para retornar à sentença de Hannah Arendt sobre a má sorte, ele sempre esteve convencido de que esta o perseguia, que o perseguia o pequeno corcunda que nas cantigas alemãs é a personificação do azar. E muitas já haviam sido as ocasiões azaradas de sua vida: do fracasso no concurso de cátedra na Alemanha, onde apresentou um trabalho, *Origem do drama trágico alemão*, que ninguém havia entendido, até o fato de que, para escapar dos bombardeios que o aterrorizavam, tinha escapado nos subúrbios de Paris e acabara numa aldeia que foi a primeira a ser destruída, porque era uma junção ferroviária importante (e ele obviamente não sabia disso).

Em Marselha, conseguiu resolver algumas coisas. Entregou a Hannah Arendt o manuscrito de sua tese *Sobre o conceito de história* para que o desse aos seus amigos Horkheimer e Adorno (e, portanto, esse tampouco poderia ser

{85}

o conteúdo da mala preta) e retirou o visto para os Estados Unidos; mas ele não tinha um documento fundamental: o passe de saída da França, o qual não podia pedir para a prefeitura porque, nesse caso, seria denunciado como apátrida e entregue imediatamente à Gestapo.

Ele tinha apenas uma chance: ir para a Espanha clandestinamente através da rota Lister, do nome do comandante das tropas republicanas espanholas que, de lá, percorrendo-a na direção oposta, havia conseguido trazer algumas de suas brigadas em segurança no final da guerra civil.

A sugestão chegou de um velho amigo que Benjamin encontrou em Marselha: Hans Fittko. Sua esposa Lisa, que estava em Port Vendres, na fronteira com a Espanha, se ocupava de trazer para o outro lado quem estava naquela mesma situação. Então Benjamin partiu, junto com uma fotógrafa, Henny Gurland, e seu filho de 16 anos, Joseph: um grupo aleatório e totalmente despreparado.

Eles chegaram a Port Vendres no dia 24 de setembro. E, no mesmo dia, sob a orientação de Lisa Fittko, percorreram uma primeira parte do trajeto, para experimentar. Mas quando era hora de voltar, Benjamin decidiu não segui-los. Esperaria por eles até a manhã seguinte, para retomar a jornada juntos: estava muito cansado e preferia começar a partir dali no dia seguinte, evitando um pouco de fadiga. "Ali" havia uma floresta de pinheiros. Fisicamente destruído e desencorajado, Benjamin permaneceu sozinho, e não é fácil imaginar como passou aquela noite: se tomado por suas ansiedades ou conquistado por esse silêncio, do céu estrelado de um setembro mediterrâneo tão distante do frio de um outono alemão.

Na manhã seguinte, foi alcançado pouco depois do amanhecer por seus companheiros de viagem. A trilha se tornava cada vez mais árdua, às vezes era quase impossível reconhecê-la em meio às pedras e aos desfiladeiros. Benjamin sentia o cansaço crescer e arranjou um método para resistir: andar por dez minutos e descansar por um, sempre assim, com a precisão de seu relógio de bolso. Dez minutos de marcha e um minuto de descanso. Como o caminho se escarpava, as duas mulheres e o menino foram forçados a ajudá-lo, porque ele não podia carregar sozinho a mala preta que se recusou a abandonar, argumentando que era mais importante que chegasse à América o manuscrito que estava ali dentro do que ele mesmo.

Foi um grande esforço e o pequeno grupo esteve muitas vezes à beira de se render, mas, enfim, chegaram no cume e lá embaixo, cheio de luz, o mar apareceu, e um pouco mais além, a vila de Port Bou: eles tinham conseguido.

Lisa Fittko cumprimentou Benjamin, Henny Gurland e seu filho e voltou. Os três continuaram em direção à aldeia e chegaram à delegacia de polícia, certos de que, como acontecera com todos aqueles que os precederam, receberiam permissão dos fiscais espanhóis para continuar. Mas as ordens haviam mudado apenas um dia antes: aqueles que chegaram ilegalmente teriam de voltar para a França. Para Benjamin, significava ser entregue aos alemães. A úni-

{87}

ca concessão que obtiveram, dado o cansaço e a hora tardia, foi a de passar a noite em Port Bou: puderam se hospedar no Hotel França, Benjamin no quarto número 3. Sua expulsão foi adiada até o dia seguinte.

Mas o dia seguinte nunca chegou para Walter Benjamin: durante a noite ele se matou com 31 pastilhas de morfina que trouxera consigo, para o caso de ser assaltado por seus problemas cardíacos.

Naquela noite, talvez, ele pode ter pensado que o homenzinho corcunda que sempre parecia persegui-lo estava de volta para agarrá-lo permanentemente. Se eles tivessem chegado só um dia antes, de fato, ninguém teria se oposto ao seu desejo de continuar a jornada para Portugal; se, em vez disso, tivessem planejado sua passagem para o dia seguinte, teriam tido tempo de saber que as regras haviam mudado. Então, haveria uma maneira de estudar soluções alternativas e certamente não se entregariam à polícia espanhola. Havia apenas um intervalo de tempo que poderia levá-los à pior situação de todas. E aquele intervalo, justo aquele, foi o que lhes coube. A má sorte ganhou e Walter Benjamin se rendeu.

Por muitos anos, não se soube nada dele: parecia que qualquer rastro da tentativa de fuga havia desaparecido. Mesmo os muitos estudiosos de seu trabalho que, nos anos 1970 – quando sua obra finalmente foi reconhecida em todo o seu valor –, se dirigiram a Port Bou, estimulados

HISTÓRIAS DE LIVROS PERDIDOS

pelas memórias de Lisa Fittko, que contava a todos como havia levado aquele homem até a Espanha, não conseguiram encontrar nada. Nem a mala preta nem sua sepultura. Walter Benjamin parecia ter desaparecido no ar.

Ainda hoje, aliás, nessa confusão de informações, às vezes falsas, que é a internet, alguns ainda continuam a acreditar nessa versão dos fatos. Da mala e de seu conteúdo não se saberia mais nada.

Felizmente, além da internet, também tenho amigos. Um deles, Bruno Arpaia, escreveu, alguns anos atrás, um belo romance sobre a história de Walter Benjamin, chamado *L'angelo della storia* [O anjo da história]. E é ele quem me conta como as coisas realmente aconteceram. Porque é verdade que, durante muitos anos, ninguém conseguiu encontrar os sinais da presença de Benjamin em Port Bou, mas então o mistério foi esclarecido: os espanhóis pensaram que Benjamim era o nome, dado que, como tal, também existe em espanhol, embora se pronuncie de modo diferente, e Walter, o sobrenome, portanto, haviam registrado nos arquivos municipais e depois depositado no tribunal de Figueres todos os documentos relacionados com ele na letra W.

Descobriu-se, então, que ele havia sido enterrado no cemitério católico e depois de algum tempo transferido para a fossa comum, que todas as suas posses foram registradas numa lista aparentemente precisa e, em parte, conservada: uma mala de couro (sem especificar a cor), um relógio de ouro, um cachimbo, um passaporte emitido pelas autoridades americanas de Marselha, seis fotos de identificação, uma radiografia, um par de óculos, algumas revistas, algumas cartas, alguns papéis, um pouco de dinheiro. Não se fala de textos ou manuscritos, mas o que significa "alguns papéis"?

E acima de tudo, o que Benjamin trouxera de tão precioso com ele, como texto, que não eram as *Passages* deixadas para Georges Bataille, ou a tese *Sobre o conceito de história*, confiada a Hannah Arendt?

Para essa pergunta, Bruno Arpaia não tem uma resposta: em seu romance, na ficção literária, confia essas folhas a um jovem *partigiano* espanhol que tem a tarefa de transportá-las em segurança, mas durante a noite, nas montanhas, tomado pelo frio e pelo desespero, as usa para acender uma fogueira e salvar sua vida.

E o fogo, como já observei, retorna em muitos dos livros perdidos, porque, como se sabe, o papel é facilmente inflamável. Mas, em nosso caso real, numa aldeia entre a França e a Espanha, no quarto número 3 daquela pequena pensão de um pequeno país, nunca se mencionou, no entanto, nenhum incêndio.

Alguns duvidam que a maleta preta continha um manuscrito. Mas que razão teria tido Benjamin de mentir para seus companheiros de infortúnio, e para se cansar ao arrastar essa mala, se ela contivesse apenas alguns objetos pessoais? Tenho certeza de que havia algo naquela mala. Talvez as notas para continuar o trabalho em *Passages*, talvez uma versão revisada do ensaio sobre Baudelaire. Ou, ainda, outro trabalho, aquele que nos falta e nunca saberemos se ao menos existiu.

Não, Bruno Arpaia não tem a resposta, mas no final de nossa conversa me oferece uma nova história, porque, de páginas perdidas, Port Bou conheceu outras.

Pouco mais de um ano antes de Benjamin chegar, entre as tropas em retirada da república espanhola – meio milhão de pessoas que tentavam, sob as bombas de aeronaves italianas e alemãs, atravessar a fronteira na direção oposta à seguida pelos refugiados fugindo da França – estava Antonio Machado, o grande poeta espanhol, ele sim já muito velho. E Machado também tinha uma maleta com muitos poemas seus, que teve de abandonar em Port Bou para conseguir se expatriar na França, em Collioure, onde morreu poucos dias depois.

Onde estão esses poemas, então tão comprometedores, já que escritos por um poeta que se opôs ao regime franquista? Onde estão as páginas que Benjamin manteve com tanto ciúme? Todos destruídos, todos perdidos?

Talvez em algum armário ou num baú antigo no sótão de uma casa em Port Bou existam folhas amareladas e esquecidas: as poesias do poeta antigo derrotado e as notas do intelectual europeu envelhecido precocemente, conservadas juntas, também desconhecidas para o proprietário desse armário ou do baú.

É demais esperar que alguém, mais cedo ou mais tarde – por acaso, erudição ou paixão –, encontre suas páginas e nos permita finalmente lê-las?

Londres, 1963
Pode-se dizer que tenho uma vocação

Em 11 de fevereiro de 1963, em seu apartamento na estrada Fitzroy, nº 23 – que ela havia alugado, entre outros motivos, porque ali já morara W. B. Yeats, e isso lhe parecera um sinal do destino –, Sylvia Plath acorda muito cedo. Quando está mal, tem sempre problemas de sono, mas aprendeu a se aproveitar disso, porque geralmente é ao amanhecer que escreve seus poemas, antes que seus filhos se levantem. O último que escreveu alguns dias antes chama-se "Edge", o limite, aquele que agora decidiu atravessar. Prepara o café da manhã para Frieda e Nicholas (ela tem quase 3 anos, ele tem pouco mais de 1), entra no quarto deles, deposita na mesa de cabeceira dois copos de leite e algumas fatias de pão com manteiga, abre a janela, mesmo que lá fora faça frio, depois sai e isola o quarto com fita adesiva, rolando uma toalha na base da porta. De volta à cozinha, tranca-se lá dentro, isola-a como fez com o quarto de seus filhos, abre a porta do forno, põe um pano na superfície para poder apoiar a cabeça e gira o botão do gás.

É assim que Sylvia Plath se mata. É a segunda vez que tenta, dez anos após a primeira, e dessa vez a tentativa é bem-sucedida.

Ela acabou de completar 30 anos, é esposa de Ted Hughes, mas há alguns meses estão separados por causa das traições dele. Ela não é famosa: publicou em várias revistas e tem um livro de poemas, *O colosso*, e um romance sob pseudônimo, *A redoma de vidro*. A recepção foi morna.

Deixa muita coisa inédita: além de documentos pessoais, cartas e diários, uma coleção já concluída, *Ariel*, muitos outros poemas e cem páginas de um segundo romance, cujo título provisório é *Double exposure* [Dupla exposição].

Embora estejam separados, Ted Hughes ainda é legalmente seu marido, e a ele caberá seu legado literário, a seu julgamento será submetido o destino de tudo aquilo que permaneceu inédito.

Aqueles que me seguiram até agora terão entendido que gosto de fofocas, mesmo porque, como disse certa vez Ian McEwan, a literatura é apenas uma forma refinada de fofoca, mas, desta vez, eu gostaria de fazê-lo o mínimo possível. Durante anos Hughes foi acusado de ser responsável pela morte de Sylvia Plath, como se o suicídio dela fosse consequência inevitável de seu comportamento; muitos citaram como evidência o fato de que a mulher por quem ele trocou Plath também se matou. Só quando, algumas décadas depois, pouco antes de morrer, Hughes publicou os poemas que escreveu ao longo dos anos, bem como muitas cartas de aniversário para sua esposa morta, todos entenderam que as coisas eram, como sempre são, muito mais complicadas. E que talvez, no fundo, existisse o fascínio que sentia pelas mulheres perturbadas, difíceis, obscuras: isso vinha de antes, não foi ela que o tornou assim.

Mas as escolhas desse homem – tão importante na vida de Sylvia Plath – certamente pesavam muito, para o bem e para o mal, mesmo em seu sucesso póstumo, e definiram o que podemos e o que já não podemos ler, ou ao menos não pudemos ter até agora em nossas mãos.

E esta é a última história que eu decidi contar.

I have done it again.
One year in every ten
I manage it…
[…]
I am only thirty.
And like the cat I have nine times to die.
This is Number Three.

[Eu fiz isso novamente.
Um ano em cada dez
Eu consigo
[…]
Eu tenho apenas trinta anos.
E, como um gato, devo morrer nove vezes.
Esta é a Número Três]

Assim começa "Lady Lazarus", um dos últimos poemas escritos por Sylvia Plath, que infelizmente não teve a mesma sorte dos gatos e cuja terceira tentativa foi a última (a primeira não foi realmente uma tentativa de suicídio, mas um acidente que sofreu aos 10 anos de idade).

Muitas vezes acontece, quando alguém se mata, que sua morte acabe sendo o ponto de partida para contar sua vida. Mas se trata de uma escolha arriscada, que muitas vezes nos leva a colocar sobre o rosto da pessoa verdadeira – aquela que viveu, pensou, escreveu – uma máscara que esmaga sua riqueza humana e artística num ícone, num retrato bidimensional.

É fato que Silvia Plath sempre cortejou a morte. E esse cortejo, sem dúvida, nasceu de uma fragilidade, que se evidencia nos diários, mas também de um desafio, uma força, uma capacidade de lutar, uma violência que encontramos na dureza esculpida de seus poemas.

Podemos reconhecer muito dela na protagonista de *A redoma de vidro*, no caminho doloroso da depressão à tentativa de suicídio, à "cura" do choque elétrico. E precisamente nessas páginas se percebe o enredo inextricável entre a dor e a culpa que estava no centro de sua vida e de sua poesia, como se a dor fosse fruto da responsabilidade daqueles que a sofrem e, ao mesmo tempo, o instrumento para chegar à verdade da escrita, do ser poeta. Uma escarpa íngreme para caminhar, na qual ela passou toda a vida.

Dying

Is an art, like everything else.

I do it exceptionally well.

I do it so it feels like hell.

I do it so it feels real.

I guess you could say I've a call

[Morrer

É uma arte como qualquer outra.

Eu faço isso realmente bem.

Faço parecer infernal.

Faço parecer real.

Pode-se dizer que tenho uma vocação]

Assim ela escreve novamente em "Lady Lazarus". Mas sua verdadeira vocação era escrever. E vale a pena nos ocuparmos disso para entender o que aconteceu depois da morte dela.

Mas primeiro devemos voltar para o relacionamento dela com Ted Hughes. Um relacionamento muito forte, não apenas amoroso, mas também uma associação literária, na qual Sylvia estimulava o marido a ser completamente poeta, a escolher a poesia como um sentido para a própria vida, e ao mesmo tempo buscava um apoio que lhe desse força para enfrentar a dor criativa que estava na base de sua ideia de literatura.

"Eu luto", ela escreveu numa carta à sua mãe, "para encontrar a força de reivindicar o direito à infelicidade junto com a alegria da afirmação criativa", como se as duas coisas não pudessem ser separadas, e a segunda dependesse da primeira para nascer. Uma dor que Plath trazia dentro de si há tempos, desde a morte do pai que a deixou órfã aos 10 anos de idade – vítima de si mesmo porque não se tratou, convencido de que tinha câncer, quando em vez disso era um diabetes que poderia ter sido curado –; uma dor que também vinha do relacionamento difícil e conflituoso com sua mãe, de seu desesperado desejo de ser amada.

O que Hughes era para ela entende-se bem lendo a carta que Plath escreveu à mãe em abril de 1956 (citada na bela introdução escrita por Nadia Fusini em *Lettere di compleanno* [Cartas de aniversário], o livro que Hughes dedicou a Sylvia e já mencionei):

> Vou contar-lhe um fato milagroso, incrível e tremendo e quero que você pense sobre isso e compartilhe comigo. Esse homem, esse poeta, esse Ted Hughes. Nunca conheci ninguém assim. Pela primeira vez na minha vida, posso usar todo o conhecimento, a capacidade de rir e a força de escrever que tenho, e posso escrever de tudo, até o fim, você deveria vê-lo, ouvi-lo! [...] É cheio de saúde, é imenso.

Deve ter sido muito complicado para Hughes corresponder a essas expectativas, a esse papel, a esse amor. E ele provavelmente também estava com medo diante da magnitude, da intensidade dessa ideia de vida, tanto pessoal quanto artística. Uma intensidade bem demonstrada pela violência de seu primeiro encontro, quando Ted Hughes lhe arrancou a faixa do cabelo e a beijou no pescoço, e ela, em reação, mordeu a bochecha dele. E essa não é uma lenda urbana, pois um dos poemas de Hughes, intitulado "St. Botolph's", nos diz:

> [...]
> *I remember*
> *little from the rest of that evening.*
> *I slid away with my girl-friend. Nothing*
> *except her hissing rage in a doorway*
> *and my stupefied interrogation*
> *of your blue headscarf from my pocket*
> *and the swelling ring-moat of tooth-marks*
> *that was to brand my face for the next month.*
> *The me beneath it for good.*

> [Lembro-me
> pouco do resto daquela noite.
> Passeava com minha namorada. Nada,
> além da fúria que sibilava numa entrada
> e minha pergunta estupefata
> diante da faixa de cabelo azul que saiu do meu bolso
> e o fosso circular da mordida de inchaço
> e que marcaria meu rosto por um mês.
> E o eu que estava debaixo dele para sempre.]

É "esse homem, esse Ted Hughes", que fugiu, até certo ponto, diante dos riscos de uma relação tão totalizante, quem devia colocar as mãos nos papéis que Sylvia havia deixado e que continham a mesma força, a mesma violência da qual Hughes havia se esquivado.

Havia os diários, especialmente os últimos meses de seu diários, que descreviam a situação, os sentimentos, os ressentimentos, também, do amor interrompido (não terminado, nunca terminado, como leremos em seus poemas décadas depois). Havia poemas com ataques muito duros a seu pai, que morrera havia muito tempo, e que ela transformara num emblema da violência masculina e mesmo nazista (o pai era de origem alemã), num amálgama inextricável entre a figura do pai e a do marido. Havia boa parte de um romance, como *A redoma de vidro*, que contava a vida de Sylvia, mas não a de dez anos antes, e sim a vida deles enquanto estava ocorrendo, a traição dele com uma amiga em comum, Assia Wevill (a própria Plath escreveu numa carta: era uma história "semiautobiográfica sobre uma esposa cujo marido se revela traidor e mulherengo").

O que fazer com todas essas cartas?

Hughes fez escolhas, e eram escolhas radicais, destinadas a marcar o futuro da obra de Sylvia Plath.

A primeira coisa foi destruir os últimos meses de seu diário, porque, como justificará depois, não queria que seus filhos o lessem nunca, convencido de que eles sofreriam muito (o que não impedirá Nicholas, o filho mais novo, de também se suicidar). Eu já disse o que penso da escolha de destruir textos não destinados à publicação quando envolvem, profunda e dolorosamente, outras pessoas além de quem os escreveu. Pode não ser certo fazê-lo, mas acho que é um direito dos herdeiros. Os diários dos anos anteriores, ao contrário, serão impressos gradualmente ao longo do tempo, bem como muitas de suas cartas.

Então Hughes editou *Ariel*, o livro que teria sancionado o sucesso de Sylvia Plath, sua grandeza de poeta, modificando em parte a escolha dos poemas em relação às instruções dela. Ao longo dos anos, Hughes teria continuado a publicar outros poemas e também textos narrativos dispersos, publicados principalmente em revistas, mas também inéditos.

E o romance iniciado e interrompido, *Double Exposure*, onde foi parar?

Também nesse caso devemos nos basear no que Hughes disse. Aquele texto de 130 páginas, ele escreveu na introdução a *Johnny Panic and the Bible of Dreams* [Johnny Pânico e a Bíblia dos sonhos] (uma coleção de histórias e outros textos em prosa de Plath), "foi perdido em algum lugar durante os anos 1970". Mas se trata, se pensarmos bem, de uma afirmação estranha. O que significa que foi perdido? Como é possível que, com o amor e a atenção que Hughes havia depositado na preservação e seleção dos escritos de Sylvia, 130 páginas de um romance tenham desaparecido no ar, quase sem que ele se desse conta?

Podemos nos perguntar se não é uma maneira de se defender da acusação de tê-lo destruído, mas, no caso dos diários, Hughes não teve dúvidas ao declará-lo, assumindo a responsabilidade. Aqui, no entanto, oscilou entre diferentes versões, porque anteriormente havia atribuído à mãe de Sylvia – na época dessa acusação, no entanto, já morta, portanto impossibilitada de responder – a responsabilidade de tê-lo feito desaparecer, alegando que, segundo o que sabia, era um manuscrito de sessenta, setenta folhas (posteriormente dobradas, portanto).

É claro que Ted Hughes mentiu, e que, diante de suas reticências e contradições, entender como as coisas realmente aconteceram torna-se quase impossível.

"Dos poetas, devemos fazer falar apenas as palavras", me diz Maria Grazia Calandrone, que é também poeta, quando tento esclarecer minhas ideias falando com ela. Muitas camadas foram criadas em cima de Sylvia Plath. Sua vida e sua morte acabaram construindo um personagem, às suas palavras foram sobrepostas milhares de histórias de quem talvez nunca tenha lido nada dela, mas fala sobre a escritora como se a houvesse conhecido.

Maria Grazia me lê uma parte da poesia que Frieda Hughes escreveu em 1997 sobre isso:

> *While their mothers lay in quiet graves*
> *Squared out by those green cut pebbles*
> *And flowers in a jam jar, they dug mine up.*
>
> *Right down to the shells I scattered on her coffin.*
>
> *They turned her over like meat on coals*
> *To find the secrets of her withered thighs*
> *And shrunken breasts.*

HISTÓRIAS DE LIVROS PERDIDOS

They scooped out her eyes to see how she saw,
And bit away her tongue in tiny mouthfuls
To speak with her voice.

But each one tasted separate flesh,
Ate a different organ,
Touched other skin.

Insisted on being the one
Who knew best,
Who had the right recipe.

When she came out of the oven
They had gutted, peeled
And garnished her.

They called her theirs.
All this time I had thought
She belonged to me most.

[Enquanto suas mães se deitavam em túmulos quietos,
Embelezadas por aquele cascalho esmeralda ordenado e
regular,
cachos de flores no frasco de geleia, exumaram a minha.

Até as conchas que eu tinha deixado em seu caixão.

Eles a viraram como um pedaço de carne sobre o carvão
para examinar os segredos de suas coxas consumidas,
de seus seios secos.

{103}

Eles arrancaram seus olhos para ver o que ela viu,
morderam sua língua em pequenas mordidas
para falar com a sua voz.

Mas cada um deles provava carne diferente,
comia órgãos distintos,
tocava outra pele.

Eles insistiram em ser a pessoa
que a conheceu melhor,
que teve a receita certa.

Quando ela saiu do forno
Eles limparam suas vísceras, a descascaram,
E a decoraram.

Eles a reivindicaram como sua.
Todo esse tempo eu pensei
Que ela fosse mais minha.]

Talvez eu também faça parte da série de canibais, mesmo se tenha tentado me mover nesse terreno com a máxima delicadeza. Mas agora tenho dúvidas: se o romance ressurgisse, seria correto publicá-lo? Seria justo, dado o perfeccionismo com o qual Plath trabalhava seus poemas e textos, revendo-os continuamente, esforçando-se para chegar às palavras exatas e definitivas? Publicar esse romance não seria realmente uma forma de fofoca, não acabaria concentrando a atenção nas correspondências entre o romance e a vida, impedindo de trazer Sylvia Plath de volta a si mesma, de retirá-la da mórbida atenção de seus leitores, do personagem que foi construído sobre o seu corpo, com o risco de torná-la apenas aquilo que se vê da cozinha onde morreu?

Maria Grazia sorri para mim: mesmo aquelas do romance seriam suas palavras, ela me diz, palavras de poeta. E então me dá esperança. Entre os papéis que o enigmático Hughes doou à Universidade da Georgia, há alguns que não podem ser consultados antes de 2022, sessenta anos após a morte de Sylvia. Não se pode excluir que, entre esses materiais, também esteja o texto perdido de *Double Exposure*.

Eu também sorrio: estou disposto a esperar.

Lista dos livros mencionados

Introdução

Os livros infantis de aventuras aos quais aludo são *Il giardino secreto* de Frances Hodgson Burnett, do qual existem numerosas edições (uma, a da Giunti, tem tradução minha), e *La teleferica misteriosa* [O misterioso teleférico] de Aldo Franco Pessina, que saiu na "Biblioteca dos meus meninos", um coleção da Salani, em 1937, e de que há uma reedição idêntica também pela Salani.

A citação de Marcel Proust é de *À sombra das raparigas em flor*, na edição da Mondadori traduzida por Franco Calamandrei e Nicoletta Neri: é a primeira que li e sou muito afeiçoado a ela.

O livro de Anne Michaels, *Peças em fuga*, foi publicado pela Giunti. A primeira edição italiana é de 1998.

Romano Bilenchi, *Il viale* [A avenida]

Todas as suas obras foram publicadas pela Rizzoli em edição econômica: *Anna e Bruno e altri racconti* [Anna e Bruno e outras histórias], *Conservatorio di Santa Teresa*, *Gli anni impossibili* (*La siccità, La miseria, Il gelo*) [Os anos impossíveis (a seca, a miséria, a geada)], *Il bottone di Stalingrado* [O botão de Stalingrado], *Amici* [Amigos].

Vita di Pisto [A vida de Pisto] foi publicado como um apêndice às *Obras completas*, sempre publicadas pela Rizzoli, editadas por Benedetta Centovalli.

George Byron, *Memoirs* [Memórias]

Não são muitas as suas obras traduzidas e facilmente disponíveis. Na Oscar Mondadori se encontra o *Manfredo* (entre outras coisas traduzidas por Franco Buffoni) e um volume de *Opere scelte* [Obras seletas]. Na edição de bolso da Rizzoli há o primeiro canto de *Don Juan*. Um pequeno editor, Kessinger, traduziu *A peregrinação de Childe Harold*.

Il servo di Byron [O servo de Byron] de Franco Buffoni foi lançado pela Fazi em 2012.

Ernest Hemingway, *Juvenília*

Os dois contos sobreviventes ("O meu velho" e "Lá no Michigan") estão incluídos no *49 Racconti* [49 contos], publicados pela Mondadori e facilmente disponíveis, assim como *Paris é uma festa, O sol também se levanta* e todos os seus romances. As *Cartas*, entretanto, publicadas há muitos anos pela Mondadori, estão infelizmente esgotadas.

Bruno Schulz, *O Messias*

Seus contos (*Lojas de canela, Sanatório sob o signo da Clepsidra, O cometa*) foram publicados pela Einaudi num único volume sob o título da primeira coleção.

O romance de David Grossman, *Ver: amor*, foi publicado pela primeira vez pela Mondadori em 1988. *Un uomo che forse si chiamava Schulz* [Um homem que talvez se chamasse Schulz], de Ugo Riccarelli, é de 1998 e saiu pela Piemme. Ambos constam atualmente do catálogo da Oscar Mondadori.

O Messias de Estocolmo, de Cynthia Ozick, depois de ter sido publicado pela Garzanti em 1991, foi mais tarde reeditado pela Feltrinelli, mas está atualmente fora de catálogo.

O livro reencontrado, de Simha Guterman, foi impresso na Itália pela Einaudi em 1994.

O livro de Francesco Cataluccio, *Vado a vedere se di là è meglio* [Vou ver se ali é melhor], saiu pela Sellerio em 2010.

Nikolai Gógol, *Almas mortas* (segunda parte)

Seus trabalhos são encontrados em numerosas edições, entre elas em dois volumes pela Meridiani. O mesmo vale para os trabalhos de Dostoiévski e Pushkin citados direta ou indiretamente. Dos *Diários* de Tolstói, há uma edição publicada pela Garzanti.

As citações de Marina Tsvetaeva são tiradas de *O poeta e o tempo*, Adelphi, 1984, editado por Serena Vitale.

Malcolm Lowry, *Rumo ao Mar Branco*

Dele existem em italiano apenas *À sombra do vulcão*, publicado pela Feltrinelli e, pela mesma editora, um volume editado por Margerie Lowry, intitulado *Salmi e canti* [Salmos e canções], que contém alguns contos de Lowry, ensaios e memórias sobre ele, e também *Cáustico lunar*.

Ultramarina, como outros livros seus, está esgotado há tempos.

Rumo ao Mar Branco realmente foi lançado pela Ottawa University Press e é possível comprá-lo na internet também na versão e-book. Até agora, não foi traduzido na Itália.

Walter Benjamin, *Aquilo que estava na mala preta*

Quase todas as suas obras, de *Origem do drama trágico alemão* a *Passagens*, de *Sobre o conceito de história* a *A obra de arte na era de sua reprodutibilidade técnica*, foram publicadas pela Einaudi. O ensaio sobre Charles Baudelaire [*Baudelaire e a modernidade*] saiu pela Neri Pozza.

Hannah Arendt dedicou a Walter Benjamin um texto que tem seu nome e na Itália foi publicado pela SE.

Para os interessados em Antonio Machado há um volume da Meridiani dedicado a ele que inclui todos os seus poemas e uma seleção de prosa.

O romance de Bruno Arpaia, *L'angelo della storia* [O anjo da história], foi publicado pela Guanda em 2001.

Sylvia Plath, *Dupla exposição*

De Plath, a Mondadori publicou *A redoma de vidro* e um volume que inclui todos os poemas. De sua obra também foi feito um volume pela Meridiani. Uma seleção dos diários foi editada pela Adelphi.

Cartas de aniversário, de Ted Hughes, é um livro da Mondadori de 1999, hoje fora de catálogo. Encontra-se, por outro lado, a edição da Meridiani, que foi dedicada a ele e também contém esses poemas.

A coleção de Frieda Hughes, *Wooroloo*, editada na Grã-Bretanha pela Bloodaxe Books, nunca foi publicada na Itália.

Índice onomástico

A
Achmatova, Anna, 63
Adorno, Theodor, 84-5
Arendt, Hannah, 84-5, 90, 111
Arpaia, Bruno, 89-91, 111

B
Bataille, Georges, 83, 90
Baudelaire, Charles, 90, 110
Beiderbecke, Bix, 69
Benjamin, Dora, 83
Benjamin, Walter, 11, 81-91, 110-1
Bilenchi, Romano, 11, 13, 15-9, 21-4, 108
Bonner, Margerie, 72
Buffoni, Franco, 33, 34, 62, 108
Bulgakov, Michail Afanasevič, 63
Burnett, Frances Hodgson, 107

Byron, George Gordon, 25-37, 65, 108

C
Calamandrei, Franco, 107
Calandrone, Maria Grazia, 102
Cam Hobhouse, John, 26, 31-2, 37
Cataluccio, Francesco, 56-7, 109
Centovalli, Benedetta, 20-1, 23, 108
Chagall, Marc, 50
Chalandritsanos, Lukas, 35
Corti, Mary, 16, 22

D
Dostoiévski, Fëdor Michajlovič, 63, 67, 11

E
Edlestone, John, 32, 34

F

Ferrara, Mary, 16
Ficowski, Jerzy, 56-8
Fittko, Hans, 86
Fittko, Lisa, 86-7, 89
Fogg, Phileas, 13
Fusini, Nadia, 98

G

Gabrial, Jan, 72-3, 78
Geremek, Bronisław, 57
Gógol, Nikolai, 11, 59-64, 66-8, 75, 109
Gombrowicz, Witold, 50
Grieg, Nordhal, 71, 74
Grossman, David, 51-2, 109
Guiccioli Gamba, Teresa, 34
Gunther, Karl, 49
Gurland, Henny, 86-7
Gurland, Joseph, 86-7
Guterman, Simha, 55, 109
Guterman, Yakov, 55

H

Hemingway, Ernest, 40-8, 108
Hendrix, Jimi, 69
Horkheimer, Max, 84-5
Hughes, Frieda, 93, 102, 111
Hughes, Nicholas, 93, 100
Hughes, Ted, 94, 97-102, 105, 111

J

Joplin, Janis, 69

K

Kafka, Franz, 8, 50
Konstantinovskij, Matvej, 64

L

Landau, Felix, 49
Leigh, Augusta, 26
Lowry, Malcolm, 11, 59, 70-8, 110
Luzi, Mario, 20

M

Machado, Antonio, 91, 111
Marchand, Leslie, 33
McEwan, Ian, 94
Michaels, Anne, 12, 107
Milbanke, Anne Isabella, 28
Moore, Thomas, 26-7, 32, 36-7
Murray I, John, 25-6, 31-3, 37

N

Neri, Nicoletta, 107
Nesi, Edoardo, 75, 78

O

O'Brian, Edward, 40-2
Ozick, Cynthia, 51, 56, 109

P

Parker, Charlie, 69
Pasternak, Boris Leonidovič, 63
Pavolini, Lorenzo, 47
Peacock, Thomas Love, 27
Pessina, Aldo Franco, 107

HISTÓRIAS DE LIVROS PERDIDOS

Piersanti, Claudio, 20
Plath, Sylvia, 11, 93-6, 98, 100-2, 104-5, 111
Pound, Ezra, 45-6
Proust, Marcel, 12, 84, 107
Pushkin, Aleksandr Sergeevič, 60, 62, 110

R
Riccarelli, Ugo, 51, 109
Richardson, Hadley, 40, 42
Rivière, Jacques, 84

S
Sandauer, Arthur, 52
Schulz, Bruno, 11, 49-58, 109
Smirnova, Alexandra, 62
Stein, Gertrude, 41, 44
Szelińska, Józefina, 52

T
Tolstói, Lev Nikolaevič, 67, 110
Truchanowski, Kazimierz, 55
Tsvetaeva, Marina, 63, 68, 110

V
Vargas Llosa, Mario, 52
Veronesi, Sandro, 75, 77
Vitale, Serena, 63, 66, 110

W
Wevill, Assia, 100
Wilde, Oscar, 29
Witkiewicz, Stanisław Ignacy, 54

Y
Yeats, William Butler, 93

SOBRE O LIVRO

Formato: 14 x 21 cm
Mancha: 23,7 x 42 paicas
Tipologia: Adobe Jenson Regular 13/17,5
Papel: Off-white 80 g/m² (miolo)
Cartão supremo 250 g/m² (capa)
1ª edição Editora Unesp: 2018

EQUIPE DE REALIZAÇÃO

Capa
Negrito Editorial

Edição de textos
Julia Codo (Copidesque)
Tomoe Moroizumi (Revisão)

Diagramação
Eduardo Seiji Seki

Assistência editorial
Alberto Bononi
Richard Sanches

GRÁFICA PAYM
Tel. [11] 4392-3344
paym@graficapaym.com.br